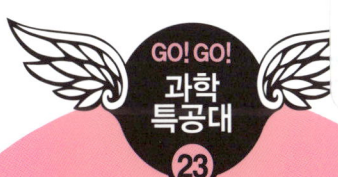
GO! GO! 과학특공대 23

둥둥 뜨게 하는 부력

정완상 지음

BooksHill
이치사이언스

이 책은 각 스테이지별로 재미있는 이야기와 함께 다채로운 코너들로 꾸며져 있습니다.

과학 동화
주인공과 함께 가상공간을 모험하면서 과학의 개념을 쉽고 재미있게 익힐 수 있어요.

과학 영재 되기
이야기에 나왔던 과학의 개념을 교과서와 연관하여 보다 자세하게 배울 수 있어요.

실력 쌓기 퀴즈퀴즈
기본 다지기/ 서프라이즈 진실 혹은 거짓/ 알쏭달쏭 내 생각 등의 다양한 퀴즈를 통해 학습 개념과 관련된 놀랍고 흥미로운 사실들을 알 수 있어요.

부록: 과학자가 쓰는 과학사
이 책의 내용과 관련 있는 과학자가 직접 들려주는 자신의 삶과 업적을 통해 과학자를 더욱 친근하게 만날 수 있어요.

추천의 글

여러분은 상상이 잘 안 되겠지만 선생님은 초등학교 시절 교과서 외에 읽을 수 있는 책이 없었습니다. 한 권 있는 지도책을 보고 또 보며 세계 여러 나라와 도시 이름을 외우며 상상의 나래를 펼치곤 했지요.

50여 년이 지난 지금도 그때 너덜너덜해진 지도책을 생각하면 저절로 지구상의 모든 나라들이 머릿속에 그려집니다. 읍내에 있는 중학교에 들어가면서 다행히 뉴턴과 아인슈타인, 에디슨 등과 같은 인물들을 책으로 만날 수 있었지요. 그때부터 선생님은 과학자가 되겠다는 꿈을 키웠고, 대학에서 과학을 전공하여 교수가 되었습니다.

책은 우리의 미래를 밝히는 등대입니다. 선생님은 "GO! GO! 과학특공대"가 여러분을 더 넓은 세상과 더 나은 미래로 이끄는 푸른 신호등이 되리라 확신합니다. 여러분이 학교에서 배우고 있는 내용들을 즐겁고 재미있게 느끼도록 만들었으니까요.

위대한 과학자 뉴턴은 "나는 진리의 바닷가에서 반짝이는 조개껍질 하나를 줍고 기뻐하는 어린아이와 같다."라고 했습니다. 여러분도 "GO! GO! 과학특공대"를 읽고 뉴턴이 느꼈던 그 기쁨을 마음껏 누려보길 바랍니다.

전우수(전 한국 초등과학교육학회 회장 · 공주교육대학교 교수)

이 책을 읽는 어린이들에게

언제나 날 본체만체하는 우리집 야옹이를 알아가는 것, 친구와 하는 내기에서 빨리 셈하는 방법을 알아내는 것, 밤하늘의 반짝이는 별들의 이름을 찾아보는 것은 즐거운 일이지만, 생물을 공부하고, 수학을 공부하고, 과학을 공부하는 것은 어렵습니다.

아니, 솔직하게 말해서 공부는 어렵다기보다 하기 싫은 것이죠. 그럼 왜 공부가 하기 싫을까요? 그것은 어른들한테도 어느 정도 책임이 있답니다. 어른들은 1등, 2등밖에 모르기 때문입니다. 사실 엄마 아빠도 모두가 1, 2등을 한 것도 아니면서 말입니다.

학교 갔다 와서 친구들과 축구를 한다거나 컴퓨터 게임을 하면 재미있죠. 맞습니다. 이 글을 쓴 선생님도 학교 갔다 오면 친구들과 동네를 휩쓸고 다니며 노는 것이 공부보다 즐거웠답니다. 그렇게 놀기만 하다 보니 공부가 점점 더 싫어지더라고요.

그러다가 된통 어머니께 꾸중을 들은 날이 있었습니다. 그날 눈물콧물 줄줄 흘리며 혼자 방 안에 앉아 있는데 '그렇게 놀기만 해서는 커서 빈털터리 건달밖에 안 돼.'라는 어머니 말씀이 자꾸 생각나더라고요. 그래서 공부하는 데 취미를 붙여 보려고 책 읽는 연습부터 했죠. 하기 싫은 것을 억지로 한다고 해서 될 것이 아니라는 것을 알았기 때문에, 책 읽는 연습부터 한 거예요.

일을 안 하고는 생활할 수 없듯이, 여러분도 아주 조금씩이라도 공부에 관심을 가져야 합니다. 이건 경험을 통해 알게 된 거예요.

그래서 전 어렸을 때 저처럼 아주 공부하기를 지겨워하는 학생들을 위해 이 책을 썼습니다. 이 책을 재미있게 읽다 보면 몰입하는 즐거움을 느낄 수 있습니다.

몰입이 뭐냐고요? 몰입은 한 가지 일에 푹 빠지는 것을 말합니다. 그러다 보면 바깥이 궁금하거나 컴퓨터를 켜고 싶은 생각은 싹 사라지고, 궁둥이도 무거워지겠지요.

이 책에서 여러분은 꼭 배워야 할 내용들을 생활이며, 체험이며, 놀며 즐기는 놀이로 알아갈 수 있습니다. 어떻게 그렇게 하냐고요? 이 책을 통하면 못할 것이 없습니다. 어디든 갈 수 있고 무엇이든 할 수 있죠. 이 책의 주인공들이 경험하는 일들은 모두 우리가 배워야 할 것들이고, 신기하게도 이 친구들을 따라가다 보면 지겨울 틈도, 졸릴 틈도 없답니다.

사실이냐고요? 그럼 선생님 말이 맞나 안 맞나 확인해 보면 되죠. 책장을 펼치고 기대해 보세요. 선생님이 공부를 즐겁게 할 수 있는 마법을 걸어 줄게요. 준비가 되었다면 힘차게 책장을 넘겨 봅시다.

지은이 씀

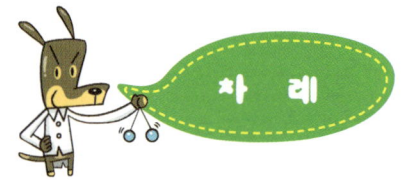

부력 | 주인공 소개 ★ 08

스테이지 1

아르키 왕국　밀도 ★ 10

과학 영재 되기_ 26
- 밀도 / 밀도의 단위
- 생활 과학 카페: 밀도와 무게_ 29

실력 쌓기 퀴즈퀴즈_ 30
- 기본 다지기 / 서프라이즈 진실 혹은 거짓 / 알쏭달쏭 내 생각

아하! 알았다 정답_ 32

스테이지 2

메데스 왕국과의 전쟁　부력 ★ 34

과학 영재 되기_ 50
- 물에 뜨려면 / 얼음이 물에 뜨는 이유
- 생활 과학 카페: 잠수함의 원리_ 54

실력 쌓기 퀴즈퀴즈_ 55
- 기본 다지기 / 서프라이즈 진실 혹은 거짓 / 알쏭달쏭 내 생각

아하! 알았다 정답_ 58

스테이지 3 식량 배급   아르키메데스의 원리 ★ 60

과학 영재 되기_ 74
- 아르키메데스의 원리
- 생활 과학 카페: 일정한 모양이 아닌 고체의 부피 재기_ 77

실력 쌓기 퀴즈퀴즈_ 78
- 기본 다지기 / 서프라이즈 진실 혹은 거짓 / 알쏭달쏭 내 생각

아하! 알았다 정답_ 80

스테이지 4 독립기념일   기체의 부력 ★ 82

과학 영재 되기_ 98
- 기체의 부력 / 공기가 뜨거워지면 부피가 커질까? 열기구와 수소기구 / 비행선
- 생활 과학 카페: 풍선으로 사람 들어 올리기_ 104

실력 쌓기 퀴즈퀴즈_ 105
- 기본 다지기 / 서프라이즈 진실 혹은 거짓 / 알쏭달쏭 내 생각

아하! 알았다 정답_ 108

부록 | 아르키메데스가 쓰는 과학사 ★ 110

[주인공 소개]

안녕? 나는 피즈팬이라고 해.

피즈팬

물리천재 피즈팬은 12살 소년이다.

피즈팬은 다른 아이들처럼 학교에 다니지 않고,

아빠가 만들어 주신 SR로 무엇이든 공부할 수 있다.

SR은 Scientific Reality!

번역하면 '과학현실'이라는 프로그램이다.

우리가 가상현실 게임 속에서

로켓 조종사가 되기도 하고

골프선수가 되기도 하듯

피즈팬은 SR을 통해 다양한 세계를 여행하면서

물리에 대한 모든 것을 배울 수 있다.

피즈팬이 오늘 배우고 싶은 주제는 '부력'에 관한 것이다.
물리천재에게 그런 게 왜 필요하냐고?
아빠는 기본 개념에 충실해야 한다고 항상 강조하신다.
그래서 피즈팬은 부력에 대한 SR을 시행하기로 결심했다.
피즈팬이 SR의 초기화면에서 '**과학 〉 물리 〉 부력**'을 선택하자
다음과 같은 메시지가 나타났다.

부력에 대한 SR 프로그램입니다.
당신은 다음 상황을 체험하게 됩니다.

☐ 피즈팬, 아르키 왕국에 가다.

아르키 왕국
밀도

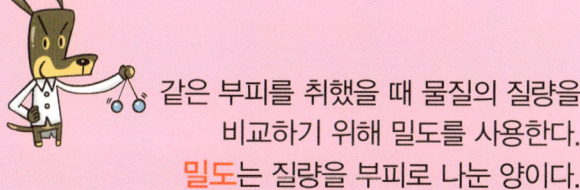

같은 부피를 취했을 때 물질의 질량을 비교하기 위해 밀도를 사용한다.
밀도는 질량을 부피로 나눈 양이다.

아름다운 섬나라 아르키 왕국은 누구나 한 번 가보면 떠나고 싶지 않은 아름다운 나라다. 실바람을 따라 나뭇잎들이 살랑살랑 춤을 추고, 희귀한 새들이 아름다운 음색으로 지저귀며, 섬나라 사이로 반짝이는 강이 흐르는 평온한 나라 아르키 왕국! 대륙에서 조금 떨어져 있는 작은 아르키 왕국은 어바리우스 왕의 통치 아래 모든 백성이 평등하게 살아가고 있었다.

"어바리우스~ 어바리우스~!"

감히 한 나라의 왕을 이렇듯 함부로 부르는 사람은 다름 아닌 아르키 왕국의 왕비 센차니스였다.

왕비는 말은 저리 가라 할 만큼 긴 얼굴에 풍성한 곱슬머리를 길게 늘어뜨리고, 머리 꼭대기에는 앙증맞은 왕관을 쓰고 다녔다.

오늘따라 유난히 폭이 넓은 분홍 드레스를 입은 왕비는 체통도 잊은 채 드레스 끝을 부여잡고 왕을 향해 달려왔다.

"어바리우스~!"

"오호, 나의 꽃사슴! 센차니스, 조심해요."

"호호홍~ 괜찮아요."

센차니스 왕비가 천연덕스럽게 웃으며 말했다.

"그렇게 급하게 뛰어오다가 넘어지기라도 하면 이 어바리우스 마음이 아프잖아요."

어바리우스 왕은 왕비가 뛰어오는 모습을 조바심을 내며 바라보면서 달래듯 말을 건넸다.

약간 맹한 구석이 있는 어바리우스 왕은 지독한 공처가였다. 그는 센차니스 왕비를 위해서라면 하늘의 별도 따다 줄 만큼 지극정성을 다했다. 그에 비하면 센차니스 왕비는 철부지에 어리광만 부리는 왕비였다.

"오, 달링! 어바리우스."

센차니스 왕비가 어바리우스 왕을 향해 우아하게 두 손을 뻗었다. 팔다리가 짧고 키도 작은 왕은 양팔을 벌려 왕비를 힘껏 안았지만 오히려 암탉 품에 안긴 강아지같은 우스꽝스러운 꼴이 되고 말았다. 하지만 보이는 모습이야 어떻든 어바리우스 왕은 그저 센차니스 왕비와 함께 있는 시간이 행복할 뿐이었다.

"흠, 흠!"

어바리우스 왕을 늘 곁에서 모시는 피즈팬이 낯 붉어지는 광경에 헛기침을 하며 자신의 존재를 알렸다.

피즈팬은 아르키 왕국의 물리참모로 왕을 도와 나랏일을 돌보고 있었다. 부드러운 머릿결에 훤칠한 키, 잘 다져진 몸매, 오뚝한 콧날……. 올해 열두 살밖에 안 되었지만 피즈팬은 물리도사이자 아르키 왕국의 미남 참모라고 소문나 있었다.

"흠, 흠! 전하, 드릴 말씀이……."

피즈팬은 국왕 부부를 혹시 방해하지 않을까 싶어 조심스럽게 말을 꺼냈다.

"말해 보게."

"이번에 메데스 왕국과 수출계약이 성사되어 물건을 곧 보내야 합니다."

"그들이 어떤 물건을 산다고 했지? 솜인가, 쇠인가?"

피즈팬의 보고에 어바리우스 왕이 물었다.

"둘 다예요."

피즈팬이 말했다. 그때 센차니스 왕비가 입술을 뾰루뚱하게 내밀고 앞으로 나섰다.

"어바리우스, 일은 피즈팬 참모에게 맡기고 나랑 놀아요옹~!"

"허허 그러지. 음흠! 피즈팬 자네가 운송회사를 물색하여 이번 운송을 책임지도록 하게. 그럼 난 이만……."

센차니스 왕비의 콧소리에 어바리우스 왕은 금방 환한 웃음을 터뜨렸다. 그리고는 피즈팬에게 일을 떠맡기고 다시 센차니스 왕비와 장난을 치기 시작했다.

'정말 못 말린다니까. 너무 사이가 좋은 것도 탈이야.'

피즈팬은 속으로 투덜거리며 왕과 왕비를 쳐다보았다. 두 사람은 서로의 손을 꼭 잡은 채 배가 휘어져라 웃으며 피즈팬 옆을 지나갔다.

어바리우스 왕과 센차니스 왕비가 궁전 뜰로 나간 후, 피즈팬은 백성들이 생산한 솜과 쇠를 확인하기 위해 궁전을 나섰다.

아르키 왕국은 큰 부자 나라는 아니었지만 금속 자원이 풍부하고, 일 년 내내 날씨가 좋아서 농작물이 잘 자라 백성들은 굶주리지 않고 살 수 있었다. 아르키 왕국은 쇠뿐만 아니라 목화 재배 사업을 통해 얻은 솜을 수출하여 그 이윤으로 나라를 꾸려가고 있었다.

피즈팬은 수출할 쇠와 솜을 모아놓은 창고를 확인했다. 그리고 순번에 따라 지난번 수출 운송을 맡았던 '빠덱스'

대신 '잘날라' 운송회사에 연락하기 위해 집무실로 향했다.

그때 뒤에서 우렁찬 목소리가 들려왔다.

"피즈팬 참모! 안녕하시오."

"안녕하세요, 나르시스! 그렇지 않아도 수출 문제로 연락하려던 참이었어요."

피즈팬은 키가 훤칠하게 큰 나르시스를 보고 반갑게 인

사했다.

　나르시스는 수백 마리의 조랑말을 거느린, 막강한 조직력을 자랑하는 잘날라 운송회사의 사장이었다. 그는 키가 크고 비쩍 말라 약골처럼 보였지만, 어디에서 그런 힘이 나오는지 최근 큰바위들기대회에서 당당히 일등을 차지한 장사였다.

　"피즈팬 참모! 이번에는 어떤 물품을 어디로 수출하죠?"

　나르시스가 물었다.

　"메데스 왕국에 쇠와 솜을 보내요."

　"메데스 왕국은 다리를 지나 한참을 가야 하니, 포장비와 인건비 등을 합치면 운송비가 만만찮게 나오겠군요."

　나르시스가 사업가답게 들고 있던 장부를 펼쳤다. 그가 운송에 들어갈 비용을 계산하기 시작하자 손끝에서 펜이 춤을 추었다.

　"비용은 걱정 말고 약속 날짜에 맞춰 정확하게 운반해 주세요. 무엇보다 신뢰가 우선이니까요."

　피즈팬이 나르시스를 올려다보며 말했다.

"그럼 쇳덩이는 무거우니까 한 번 운송하는 데 20달란씩 하고, 솜은 쇠보다 가벼우니까 5달란씩 하는 것이 어떨까요? 이 정도면 괜찮지요?"

"물론이죠! 그럼 운송 준비를 서둘러 주세요."

"오~케이!"

피즈팬과 나르시스는 각자 수출에 따른 다른 업무를 보기 위해 헤어졌다.

며칠 후, 나르시스는 본격적으로 운송 작업을 시작했다. 인부들과 조랑말을 준비하고 황소 같은 힘을 발휘하여 물건을 실었다. 다른 교통수단이 없던 아르키 왕국은 오로지 사람의 손과 말의 힘을 빌려 운반하는 체제였기 때문에 운송하는 사람들은 체력이 강인해야 했다.

등에 짐을 실은 수십 마리의 조랑말들이 꼬리에 꼬리를 물고 섬과 육지를 연결하고 있는 다리를 건너 메데스 왕국으로 향했다. 인부들과 나르시스, 그리고 피즈팬이 그 뒤를 따랐다.

그런데 길을 떠난 지 얼마 되지 않았을 때, 운송 행렬에 문제가 발생했다. 쌩쌩하게 움직이던 조랑말들이 어느새 가쁜 숨을 몰아쉬며 힘들어하기 시작한 것이었다.

이히히힝~, 헥헥-

'아니 조랑말들이 왜 이렇게 기운을 못 쓰지?'

피즈팬은 메데스 왕국 근처에도 못갔는데 벌써부터 지친 조랑말들을 보며 생각했다.

"워허이! 어서 가자. 오늘 왜 이리 게으름을 피우는 게냐?"

나르시스가 조랑말들을 향해 소리쳤다.

줄지어 가는 조랑말들의 뒤를 따라가던 피즈팬은 앞쪽으로 가면서 말들을 살펴보았다. 그리고 그들에게서 아주 특이한 점을 발견했다. 짐을 싣고 가는 말 전체가 힘들어하는 게 아니었다. 무거운 쇠를 실은 말들은 오히려 쌩쌩하게 걸어가고 있었던 것이었다. 반면 가벼운 솜을 한 포씩 지고 있는 말들은 유독 지쳐 보였다.

"나르시스! 나르시스!"

피즈팬이 나르시스를 급히 불렀다. 그러자 나르시스가 피즈팬 옆으로 빠르게 다가왔다.

"왜! 무슨 일이오, 피즈팬?"

나르시스가 눈을 동그랗게 뜨고 피즈팬을 쳐다보았다.

"나르시스, 솜을 지고 가는 저 말들은 오늘 아침 굶었나요? 왜 저렇게 힘들어하죠?"

피즈팬이 의아한 눈빛으로 나르시스에게 물었다.

"아니, 그게 무슨 말이요! 일을 해야 할 말들을 굶기다니, 말도 안 되는 소리!"

나르시스는 어처구니없다는 듯 소리를 버럭 질렀다.

"저도 그럴 리 없다고 생각했어요. 화가 나셨다면 미안합니다. 진정하세요."

피즈팬이 침착하게 말했다.

"아니, 피즈팬 참모! 지금 병 주고 약 주고, 혼자 북 치고 장구 치고 난리군요!"

"나르시스, 그렇게 화내실 일이 아니라 아무래도 말들이 이상한 것 같지 않나요?"

"짐을 싣고 가니 지치는 거야 당연하겠지요."

"그건 저도 압니다. 하지만 그게 아닌 것 같아요. 솜을 지고 가는 조랑말들만 지쳐 있거든요."

그제서야 나르시스는 조랑말을 꼼꼼히 살펴보았다.

"어허, 그렇군요. 말들이 왜 저러지……? 희한하네."

"잠깐 말들을 쉬게 하죠."

피즈팬은 조랑말들을 세우고는 한 마리 한 마리 유심히

관찰한 후 조랑말들의 등에 얹은 짐을 풀어서 솜 한 포대와 쇳덩이를 비교해 보기로 했다.

　피즈팬은 솜을 지고 있는 조랑말에게 다가갔다. 조랑말은 거친 숨을 내쉬면서 피즈팬을 경계하는 몸짓을 보였다. 조랑말이 안심할 수 있도록 괜찮다고 부드럽게 말하며 피즈팬은 솜포대를 묶은 끈을 풀었다. 그리고 솜포대를 힘껏 들어 올렸다.

　순간 놀라운 일이 벌어졌다. 당연히 쇠보다 솜이 가볍다고 생각했던 피즈팬은 솜포대를 들려다가 그만 엉덩방아를 찧고 말았던 것이었다.

"아이고!"

"피즈팬, 무슨 일이오?"

　나르시스가 얼른 피즈팬을 부축해 주었다.

"가만, 이건 아무래도 솜의 부피가 너무 커서 그런 것 같아요. 같은 부피를 비교하면 쇳덩어리가 솜보다 훨씬 무겁지만 솜도 아주 많이 모이면 무거울 수 있으니까 말이죠. 아무래도 같은 부피의 질량을 비교하는 것을 정의해야겠

어요."

피즈팬이 골똘히 생각하며 말했다.

"정말 그런 것 같군요. 어떻게 그런 생각을 했죠?"

나르시스는 피즈팬의 놀라운 관찰력과 분석력에 감탄의 말을 쏟아냈다.

"하하~ 물리도사인 제가 이 정도 하는 건 당연한 일 아니겠어요? 하하……."

오랜만에 기가 산 피즈팬이 으스대며 말했다.

피즈팬은 운송 작업을 마친 후 잘못 측정된 운반계약을 그냥 두지 않고 바로잡았으며, 더불어 백성들을 생각하는 마음이 공평하다는 것을 일깨워 주었다.

당신은 스테이지 1을 통과했습니다.
다음 아이템을 받을 수 있습니다.

물에 떴다 가라앉았다 하는 다리

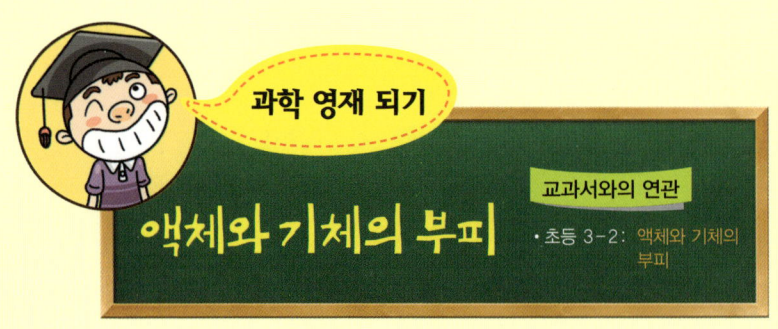

밀도

밀도는 한자로 다음과 같이 씁니다.

密 度
빽빽할 밀　법도 도

　밀은 '빽빽함'을 나타내니까 밀도는 빽빽이 들어선 정도를 나타내요. 즉 밀도는 '빽빽한 정도'를 말하지요.

　과학 외에도 밀도를 쓰는 예로 인구밀도를 들 수 있어요. 인구밀도는 어떤 지역에 사람들이 얼마나 빽빽하게 사는지를 나타내는 정도를 말합니다. 우리나라처럼 국토는 좁은데 인구가 많은 나라는 인구밀도가 당연히 높겠죠? 인구밀도는 가로 세로가 1km인 땅에 몇 명 정도가 사는지를 나타냅니다.

물질의 밀도도 분자들이 얼마나 빽빽한지 그 정도를 수치로 나타낼 수 있어요. 분자들이 촘촘히 모여 있으면 물질의 밀도는 높고, 분자들이 느슨하게 분포되어 있으면 물질의 밀도도 낮지요. 즉 단단한 물질은 분자들이 빽빽하게 모여 있어서 같은 부피일 경우 덜 단단한 물질보다 질량이 커요. 그래서 단단한 물질은 밀도가 큰 물질이랍니다.

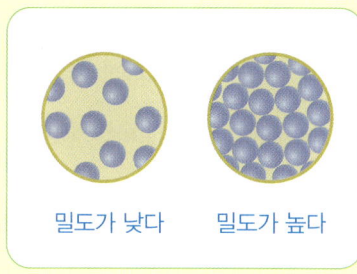

밀도가 낮다   밀도가 높다

밀도 공식은 다음과 같아요.

$$밀도 = 질량 \div 부피$$

밀도의 단위

밀도의 단위는 질량의 단위를 부피의 단위로 나눈 것으로, 주로 g/cm^3을 사용하고 '그램 퍼 세제곱 센티미터'라고 읽습니다.

만약 같은 물질이 고체·액체·기체일 때 이 중에서 어떤 상태의 밀도가 가장 클까요? 그것은 바로 고체일 때예요. 물질이 고체일 때 분자들이 빽빽하게 모여 있으므로 밀도가 가장 크고, 기체일 때 분자들이 가장 멀리 떨어져 있으므로 밀도가 가장 작습니다.

액체 상태인 물의 밀도는 기체(김)일 때보다 크고, 고체(얼음)일 때보다 작아요.

예를 들어, 어떤 정육면체 모양의 물체가 있다고 해 볼까요? 정육면체 한 변의 길이는 4cm이고 질량은 640g이라고 해 보죠. 이 물체의 부피는 $4 \times 4 \times 4 = 64(cm^3)$이므로, 밀도를 구하려면 질량을 부피로 나누어야 합니다. 즉 이 물체의 밀도는

$$640 \div 64 = 10 \ (g/cm^3)$$

이 되지요.

생활 과학 카페

밀도와 무게

솜뭉치가 무거울까, 쇳덩어리가 무거울까 물으면, 당연히 쇳덩어리가 무겁다고 말합니다. 그런데 이 질문은 과학적으로는 부정확하다고 할 수 있어요. 왜냐하면 솜뭉치가 엄청나게 클 수도 있기 때문이지요. 예를 들어, 월드컵 경기장을 다 채울 만큼의 솜뭉치와 아주 작은 쇳덩어리의 무게를 비교하면 솜뭉치가 훨씬 무거울 거예요.

이렇게 무게는 물질이 무거운 물질인지 가벼운 물질인지를 가늠하는 기준이 되지 못합니다. 그래서 물질의 성질을 주로 연구하는 화학자들에게는 무게보다는 밀도가 더 중요한 개념입니다.

같은 부피의 솜뭉치와 쇳덩어리의 무게를 달면 솜뭉치보다 쇳덩어리가 훨씬 무거울 거예요. 이렇게 같은 부피의 무게를 비교하기 위해서 '밀도'라는 개념이 도입되었습니다. 밀도는 물질의 속성 중 하나지요.

기본 다지기

1. 가로가 2cm, 세로가 4cm, 높이가 3cm인 물체가 있다. 이 물체의 질량이 480g이라면 밀도는 몇일까?

2. 다음 중 밀도가 가장 작은 것은?

    a) 솜 　　　　　 b) 쇠 　　　　　 c) 나무

3. 다음 중 밀도의 단위가 아닌 것은?

    a) g/cm^3 　　　 b) $kg \cdot m$ 　　　 c) kg/m^3

서프라이즈 진실 혹은 거짓

1. 밀도가 가장 큰 금속은 오스뮴이다.

    ☐ 진실 　　　　　 ☐ 거짓

2. 물의 밀도는 섭씨 4도일 때 가장 크다.

　　　　　☐ 진실　　　　☐ 거짓

3. 사람의 근육은 물보다 밀도가 크다.

　　　　　☐ 진실　　　　☐ 거짓

알쏭달쏭 내 생각

김절약 군과 이된장 양은 서로 교제하기로 하고, 사랑을 약속하기 위해 커플링을 맞추기로 했다. 사치를 좋아하는 이된장 양은 금 함량이 100%인 순금 반지를 원했다. 김절약 군은 그녀를 위해 순금 커플링을 맞추었다. 그런데 막상 커플링을 받고 보니 두 사람의 반지는 부피는 같지만 김절약 군의 반지가 더 무거웠다.

두 사람 중 누구의 반지가 순금인가?

　　　　☐ 김절약　　　　☐ 이된장

기본 다지기

1. $20\,g/cm^3$

   부피를 구하면 $2 \times 4 \times 3 = 24$이고, 밀도는 질량을 부피로 나눈 것이므로 $480 \div 24 = 20(g/cm^3)$이다.

2. a)

3. c)

서프라이즈 진실 혹은 거짓

1. 진실

   오스뮴의 밀도는 $22.5\,g/cm^3$이다. 즉 한 변의 길이가 1 cm인 정육면체의 오스뮴의 질량이 22.5 g이다.
   물의 경우와 비교해 보면, 물은 한 변의 길이가 1 cm인 정육면체에 가득 채웠을 때 그 질량이 1 g이므로 오스뮴은 물보다 22.5배 무겁다.

2. 진실

   물은 섭씨 4도일 때 부피가 가장 작다. 그러므로 이때 밀도가 가장 크다.

3. 진실

사람의 근육은 밀도가 1.1 g/cm^{3}이므로 물의 밀도보다 크다.

알쏭달쏭 내 생각

답 김절약 군이다.

금은 보석류 중에서 가장 밀도가 큰 금속이다. 그러므로 금보다 값이 싼 금속을 섞으면 밀도가 작아져 같은 부피일 때 순금보다 가벼워진다.

메데스 왕국과의 전쟁
부력

물속에서는 물체가 가볍게 느껴진다. 물체의 무게와 반대 방향인 위로 뜨려고 하는 힘이 물체에 작용하기 때문이다. 이 힘을 **부력**이라고 한다.

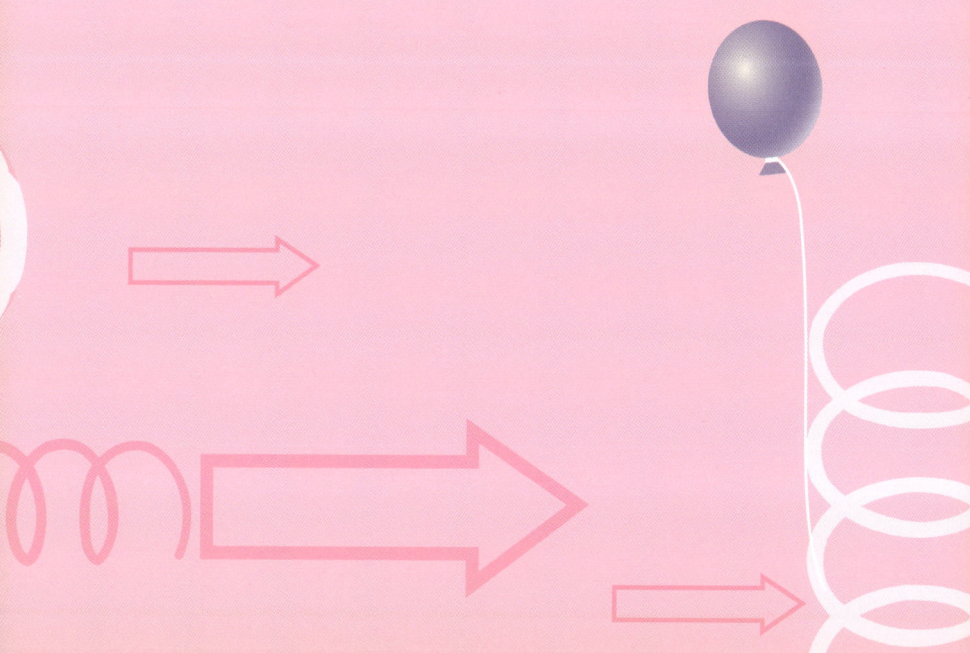

"어머머, 어바리우스! 저기 저 사람들 좀 봐요. 꼭 물개처럼 수영을 잘하네요. 나도 저렇게 물속에서 시원하게 수영하고 싶어요."

센차니스 왕비는 섬 주변에서 물놀이를 하고 있는 백성들을 보며 어바리우스 왕을 졸랐다.

"왕비, 허나 우리는 왕족이라 저런 곳에서 훌러덩 옷을 벗고 수영을 못한다오."

어바리우스 왕이 난처한 표정을 지으며 말했다. 하지만 센차니스 왕비는 고집을 부렸다. 그 고집은 어바리우스 왕도 어쩌지 못하는 황소고집이었다.

"그런 게 어딨어요? 난 수영하고 싶단 말이에요. 내 말 안 들어주면 어바리우스랑 안 놀아요, 흥!"

원래 체통을 모르는 왕비였지만 이 날은 많은 백성 앞에서 어린아이 같이 생떼를 부렸다.

"알았소, 알았소! 내가 졌어요. 그럼 왕궁 안에 센차니스만을 위한 수영장을 만들어 줄 테니 거기서만 수영해야 해요. 알았죠?"

어바리우스 왕은 하는 수 없이 센차니스 왕비의 청을 들어주기로 했다. 왕의 허락이 떨어지기가 무섭게 센차니스 왕비는 궁녀들을 불러 모아 최고급 비키니를 구하기 위해 분주하게 움직였다. 왕궁 안의 수영장은 빠른 속도로 완성되었다. 하지만 어바리우스 왕의 마음은 무겁기만 했다.

"어허, 이를 어쩐다. 약속은 철석같이 했지만 수영도 못하는 센차니스를 수영장에 들어가게 해도 괜찮은지……."

왕은 심각한 얼굴로 한숨을 토해냈다.

"전하, 무얼 그리 걱정하세요? 아르키 왕국의 물개로 소문난 물개구리우스가 있잖아요. 물개구리우스를 개인 수영코치로 임명하면 왕비님은 금방 수영을 배우실 수 있을 거예요."

피즈팬은 또박또박 자신의 생각을 말했다.

"오호라, 그러면 되겠군! 어서 물개구리우스를 불러 들이게, 피즈팬!"

피즈팬은 곧장 물개구리우스를 궁으로 불러들였다. 그리고 물개구리우스는 그날 밤 왕실 전용 수영장으로 센차니스 왕비와 어바리우스 왕과 함께 안내되었다.

"어머…… 어바리우스, 멋져요! 날 위해 개인 코치까지 불러 주시다니 정말 감동이에요."

센차니스 왕비는 폴짝폴짝 뛰며 기뻐하면서 어바리우스 왕의 볼에 뽀뽀를 했다. 그리고 바로 탈의실로 달려가 하트 무늬의 분홍색 비키니와 수영모를 쓰고 어바리우스 왕과 피즈팬 앞에 나타났다.

"여보, 보기에도 민망하니 수영복은 다른 걸로……."

"무슨 소리 하는 거예요? 제가 이걸 어떻게 구했는데. 산 넘고 물 건너 저 미쏘니스 왕국까지 가서 직접 구한 거란 말이에요. 만약 어바리우스가 이 비키니 못 입게 하면, 어바리우스랑 안 놀아 줄 거예요. 그렇게 아세요, 흥!"

센차니스 왕비는 새침데기처럼 토라져서는 왕과 눈도 마주치지 않았다.

"에휴~ 어쩔 수 없군. 그렇게 하시오."

왕비에게 꼼짝 못하는 왕은 또다시 왕비의 말을 들어주었다. 백성들이 잠든 밤에 수영 강습을 하기로 한 것을 다

행으로 여기면서.

　드디어 물개구리우스의 수영 강습이 시작되었다.

"자, 왕비님! 다리를 이렇게 움직이고 팔은……, 왕비님?"

　수영 교습을 하던 물개구리우스가 당황해서 소리쳤다.

"푸하~ 센차니스 살려, 꼬로록…… 나 살려!"

왕비는 물속으로 가라앉았다 떴다를 반복했다. 물개구리우스는 황급히 왕비를 수영장 밖으로 구조했다.

"꿀렁꿀렁…… 나 어떡해! 물배만 채웠어. 난 왜 물에 뜨지 않는 거야. 엉엉……."

센차니스 왕비는 다시 왕에게 투정을 부렸다.

"왕비, 그만하시오. 계속하다가는 수영장에 있는 물 다 마시겠소!"

어바리우스 왕이 물을 먹어 불룩 나온 여왕의 배를 보며 말했다. 물개구리우스는 센차니스 왕비에게 제대로 수영을 가르쳐 보지도 못하고 짐을 다시 싸야 했다.

왕비의 투정은 밤이 늦도록 이어졌다. 그 때문에 잠을 설친 어바리우스 왕은 결국 피즈팬을 불러 도움을 청했다.

"피즈팬, 나 좀 도와주게. 왕비가 찡얼거려서 도저히 잠을 잘 수가 없네. 왕비가 물 위에 뜰 기미조차 보이지 않으니 이 일을 어쩌면 좋은가?"

밤을 꼴딱 새워 눈이 벌겋게 충혈된 어바리우스 왕이 한숨을 푹푹 내쉬었다.

"음……, 제게 좋은 생각이 있습니다. 오후에 왕비님을 다시 수영장으로 모시고 오세요. 이번엔 분명 왕비님이 물에 뜰 수 있을 거예요."

피즈팬은 미소를 지으며 자신 있게 말했다.

어바리우스 왕은 점심시간이 지난 후 여전히 투덜거리는 왕비를 데리고 수영장에 나타났다.

"싫어요. 또 물속에 가라앉을 게 뻔한데 내가 왜 들어가요. 물에 뜰 수 있는 다른 방법을 알아내세요."

"여보, 피즈팬을 믿어 봅시다."

"좋아요. 하지만 또다시 물에 가라앉으면 그땐 절 볼 생각 마세요, 아셨죠?"

"알았소."

어바리우스 왕의 끈질긴 설득 끝에 센차니스 왕비는 으름장을 놓으며 물속에 들어가겠다고 약속했다.

"피즈팬, 자네만 믿네. 만약 센차니스가 물에 뜨지 않는다면…… 자네도 각오해야 할 걸세."

왕비는 두 사람이 지켜보는 가운데 수영장으로 들어갔

다. 그리고 조심스럽게 물 위로 몸을 띄웠다. 놀랍게도 센차니스 왕비는 마치 다른 사람이라도 된 듯 물속에서 자유자재로 움직이기 시작했다.

"어바리우스, 내가, 내가, 물 위에 떴어요! 야호!"

센차니스 왕비는 물 위에서 환호성을 질렀다.

"오호, 참으로 신기하군! 맥주병이던 왕비를 어떻게 뜨게 했지?"

왕은 조심스럽게 피즈팬에게 다가와 귓속말로 물었다.

"전하, 그것은 바닷물의 수십 배가 넘는 소금을 물에 넣었기 때문이에요. 소금물은 보통의 물보다 밀도가 커요. 그래서 많은 양의 소금이 물에 녹으면 물은 사람의 밀도보다 커져서 사람을 둥둥 뜨게 만들지요."

피즈팬이 왕에게 이유를 설명해 주었다.

"과연 이 나라의 물리참모답군. 정말 고맙네. 센차니스가 안 뜨면 어쩌나 얼마나 걱정을 했는지…… 하하하!"

이렇게 왕비의 수영장 소동은 일단락되었다.

며칠이 지난 어느 날, 보초병 몰래우스가 호들갑을 떨며 어바리우스 왕을 급히 찾았다.

"전하, 전하! 큰일 났습니다."

"무슨 일인데 그리 호들갑이냐? 숨을 고르고 차근차근 설명해 보라!"

"그것이, 그것이……."

"답답하구나. 어서 말을 하라!"

"이웃나라 메데스 왕국이 쳐들어오고 있다 하옵니다."

"그게 무슨 말이냐? 우리가 이번에 솜과 쇠를 수출한 왕국 메데스? 지금까지 잘 지내다가 이 무슨 방귀 뀌는 소리란 말이냐?"

어바리우스 왕은 몸을 부르르 떨며 믿기지 않는 듯 묻고 또 물었다.

"전하! 메데스 왕국은 점점 더 많은 솜과 쇠를 수입해야 하자 우리 아르키 왕국을 욕심내고 쳐들어오는 것이 분명합니다."

왕 옆에서 몰래우스의 말을 함께 듣고 있던 피즈팬이 자신의 생각을 꺼냈다.

"그럼 그들이 그동안 쇠를 수입해서 우리를 쓰러뜨릴 무기를 만들었단 말인가! 허허, 호랑이굴에 먹이를 던져준 셈이로구나!"

화가 난 어바리우스 왕이 테이블을 내리쳤다.

"전하, 걱정하지 마십시오. 그들이 아무리 성능 좋은 무기를 개발했다고 해도 감히 우리 왕국을 어쩌지 못할 거예요."

"허나, 우리 백성들은 전쟁이란 것을 상상할 수 없을 만큼 온순한데…… 전장으로 나가 싸울 만한 병사들이 변변히 있는 것도 아니고……. 정말 난처하게 됐군."

어바리우스 왕은 옥좌의 팔걸이를 손으로 치며 분노를 토해냈다.

"제게 좋은 생각이 있습니다. 군사적으로 열악한 우리 아르키 왕국이 살길은 저 육지와 연결된 다리를 봉쇄하는 것입니다. 그러면 메데스 왕국은 이 나라에 발도 못 붙일 거예요."

피즈팬은 확신에 찬 말로 왕을 안심시켰다.

피즈팬은 육지와 연결된 다리를 산더미만한 돌로 모두 봉쇄해 버리고, 부력을 이용한 공기주머니 다리를 만들어 그 안을 공기로 가득 채운 후 바다 위에 띄웠다.

"피즈팬, 저것이 도대체 무엇인고?"

왕은 어리둥절한 표정으로 피즈팬에게 물었다.

"조금 뒤면 알게 될 거예요, 전하."

피즈팬은 왕에게 자신 있게 대답했다.

드디어 메데스 왕국의 병사들이 몰려오는 것이 피즈팬의 눈에 들어왔다.

"잠시만 기다려, 잠시만……."

피즈팬은 다리 위로 몰려드는 메데스 왕국의 병사들을 조용히 지켜보며 작전을 지시했다. 메데스 왕국의 병사들이 다리 중간에 다다를 무렵 피즈팬이 소리쳤다.

"이때다! 공기주머니 다리의 공기를 모두 빼라!"

피즈팬의 우렁찬 목소리를 들은 아르키 왕국의 병사들은 공기를 가두어 두었던 마개를 일제히 뽑았다. 그러자 공기주머니 다리 속의 공기가 빠져나가면서 다리는 점점 물속으로 가라앉기 시작했다. 다리 위에 있던 수많은 메데스 왕국의 병사들은 우왕좌왕하며 빠져나갈 구멍을 찾았으나 한 명도 탈출하지 못하고 모두 바닷속으로 풍덩 빠지고 말았다.

"야호! 성공이야, 성공!"

아르키 왕국의 병사들은 모두 손을 들어 환호성을 질렀다. 어바리우스 왕은 바다에 빠진 메데스 왕국의 병사들을 구조하기 위해 쪽배 몇 대를 내보냈다. 바닷물을 잔뜩 마신 메데스 왕국의 병사들은 무기를 버린 채 서로 배에 먼저 올라타겠다고 난리였다.

"피즈팬. 자네가 우리 아르키 왕국의 만백성들을 살렸네! 어떻게 그런 생각을 했지? 내게도 좀 가르쳐 주게."

어바리우스 왕은 부력을 이용한 공기주머니 다리가 이해되지 않아 피즈팬에게 물었다.

"전하! 그건 바로 잠수함의 원리입니다. 저 다리는 공기를 채우면 밀도가 물보다 작아져서 물에 뜨고, 공기를 빼면 물보다 밀도가 커져서 물에 가라앉지요."

어바리우스 왕은 눈을 빛내며 피즈팬의 설명을 귀담아들었다.

"정말 대단하군! 허허허."

전쟁에서 패한 메데스 왕국은 큰 사죄를 한 후, 다시 예전처럼 아르키 왕국의 쇠와 솜을 수입하기로 하였다. 전쟁에서 승리한 아르키 왕국에는 다시금 평화가 찾아왔다.

당신은 스테이지 2를 통과했습니다.
다음 아이템을 받을 수 있습니다.

밑넓이는 작지만 높이가 큰 컵과
높이는 작지만 밑넓이가 큰 컵

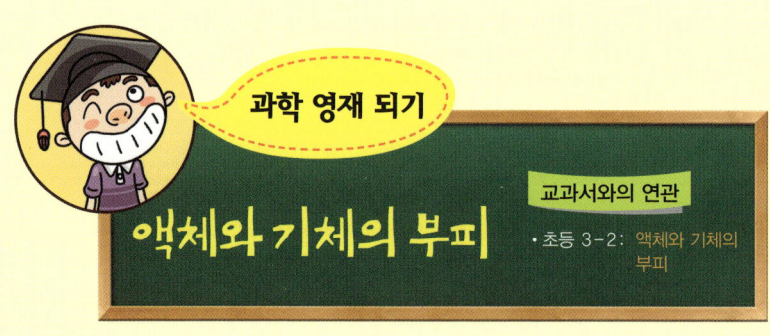

물에 뜨려면

어떤 물체는 물에 뜨고 어떤 물체는 물에 가라앉는 이유는 뭘까요? 그것은 바로 밀도 때문입니다. 물보다 밀도가 큰 물체는 가라앉고, 물보다 밀도가 작은 물체는 물에 뜨는 성질이 있거든요.

물은 1 cm³의 질량이 1 g이므로 물의 밀도는 1 g/cm³입니다. 그러므로 물체의 밀도가 1 g/cm³보다 작으면 물체는 물에 뜨지요.

하지만 금속들은 밀도가 물보다 큽니다. 예를 들어, 알루미늄은 밀도가 2.7 g/cm³이고, 철은 밀도가 7.9 g/cm³정도지요. 이렇게 물보다 밀도가 큰 금속들은 물에 가라앉아요.

수영장이나 목욕탕 등 물속에 들어갔을 때를 한번 떠올려

볼까요? 물속에서는 몸이 가볍게 느껴지죠? 그것은 우리 몸의 무게와 반대 방향인 물 위로 뜨려고 하는 힘이 몸에 작용하기 때문이에요. 즉 '물체의 무게와 반대방향으로 뜨려고 하는 힘'이 물체에 작용하기 때문인데, 이 힘을 **부력**이라고 부릅니다.

그러면 물에 가라앉는 물체는 부력을 안 받을까요? 그렇지는 않아요. 물에 뜨든 가라앉든 물체는 똑같이 부력을 받습니다. 그런데 왜 어떤 물체는 물에 가라앉고 어떤 물체는 뜰까요? 그것은 부력과 무게의 힘겨루기 때문이에요.

다음과 같이 정리할 수 있어요.

● 부력과 무게가 같으면 물체는 뜬다. ●

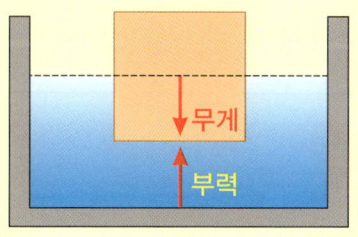

부력과 무게가 같으면, 두 힘의 크기는 같고 방향은 반대

이므로 물체가 받는 힘의 합력이 0이 됩니다. 그래서 물체가 떠 있게 되는 거지요.

물체가 물에 가라앉는 경우는 다음과 같이 정리할 수 있어요.

● **무게가 부력보다 크면 물체는 가라앉는다.** ●

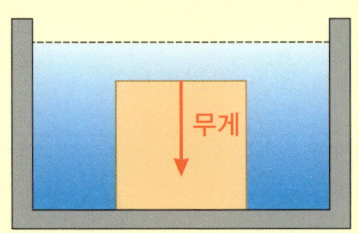

이때는 무게에서 부력을 뺀 것이 힘의 합력이 됩니다. 힘의 합력의 방향은 무게의 방향이므로 물체는 아래로 움직입니다. 하지만 부력 때문에 물체는 공기 중에서 떨어질 때보다는 천천히 가라앉아요.

얼음이 물에 뜨는 이유

얼음은 왜 물에 뜰까요? 그것은 얼음의 밀도가 물의 밀도보다 작기 때문이에요. 얼음의 밀도는 약 $0.9\,g/cm^3$로 물의 밀도 $1g/cm^3$ 보다 작습니다.

　얼음과 물은 같은 물질인데 왜 밀도가 다를까요?

　질량은 그대로인데 상태에 따라 물질의 부피가 달라지기 때문이에요. 가령 물이 얼음이 되면 부피가 물보다 10분의 1쯤 커집니다.

　이와 같이 물은 온도에 따라 부피가 달라져요. 물은 영상 4도일 때 부피가 제일 작고, 이보다 온도가 높거나 낮아지면 부피가 점점 커집니다. 영상 4도일 때 물의 부피가 가장 작으므로 밀도는 이때 가장 크지요.

　이렇게 물보다 밀도가 작은 물체는 물에 뜨고, 물보다 밀도가 큰 물체는 물에 가라앉는답니다.

물보다 밀도가 작은 얼음은 물에 뜨고, 밀도가 물보다 큰 동전은 가라앉아요.

생활 과학 카페

잠수함의 원리

잠수함은 배처럼 물 위에 떠 있을 수도 있고, 물속을 다닐 수도 있습니다. 잠수함은 어떻게 이런 기능들을 갖고 있을까요?

그것은 잠수함이 부력을 조절할 수 있기 때문입니다. 잠수함에는 밸러스트 탱크가 있습니다. 이 탱크 안에는 압축된 공기를 저장해 두는데, 바로 이 탱크를 조절해 부력을 바꾸어 줌으로써 잠수함은 물속으로 가라앉을 수도 있고 물 위로 올라갈 수도 있지요.

잠수함이 물 위에 떠 있을 때는 밸러스트 탱크 속은 공기로 가득 차고, 반대로 물속으로 가라앉을 때는 공기가 빠져나가면서 바닷물이 탱크 안으로 들어옵니다. 이렇게 잠수함은 공기의 양을 조절하여 부력을 변화시키기 때문에 물속과 물 위에서 자유롭게 움직일 수 있어요.

기본 다지기

1. 다음 중 물에 뜨지 않는 물체는?

   a) 탁구공　　　　　b) 당구공　　　　　c) 스티로폼

2. 다음 중 물에 뜨는 물체는?

   a) 금속 쟁반　　　　b) 나무　　　　　　c) 돌멩이

3. 물의 밀도가 가장 클 때의 온도는?

   a) 0도　　　　　　　b) 영하 4도　　　　c) 영상 4도

서프라이즈 진실 혹은 거짓

1. 빙산은 물에 떠 있다.

   ☐ 진실   ☐ 거짓

2. 맥주병은 물에 잘 가라앉는다.

   ☐ 진실   ☐ 거짓

3. 물에 뜨는 돌도 있다.

   ☐ 진실   ☐ 거짓

알쏭달쏭 내 생각

이발명 박사는 항상 신기한 발명으로 사람들을 놀라게 한다. 그런 그가 최근에는 물 위를 걷는 신발을 만들었다고 주장해 사람들을 더욱 놀라게 했다. 게다가 이발명 박사는 자신의 발명품을 신고 야외 수영장에서 물 위를 걸어보겠다고 큰소리를 쳤다. 이발명 박사의 호언장담에 많은 사람이 물 위를 걷는 쇼를 보기 위해 수영장에 몰려들었다.

과연 이발명 박사는 물 위를 걸을 수 있을까?
여러분의 생각은?

☐ 불가능하다   ☐ 가능하다

기본 다지기

1. b) 당구공은 밀도가 물의 밀도보다 크므로 물속으로 가라앉는다.

2. b)

3. c)

서프라이즈 진실 혹은 거짓

1. 진실
   빙산은 얼음이다. 얼음은 물보다 밀도가 작으므로 물 위에 뜬다.

2. 거짓
   맥주병은 물에 떨어질 때 공기가 가득 들어 있어 금방 쓰러진다. 그 순간 맥주병에는 물이 조금 들어가고 물이 들어간 만큼 공기가 빠져나온다. 맥주병은 이 과정을 거쳐서 병의 무게와 부력이 평형을 이뤄 물에 둥둥 떠 있게 된다.

3. 진실
    인도네시아의 화산지대에 있는 부석이라는 돌은 물에 뜬다. 부석은 화산이 폭발할 때 분출된 마그마가 식으면서 굳어 만들어진 암석인데, 마그마가 너무 빨리 식어서 굳으면 안에 있던 공기가 미처 빠져나가지 못하고 돌 속에 남게 된다. 이렇게 만들어진 돌이 바로 부석이다. 돌 속의 이 공기가 부석의 밀도를 물보다 작게 만든 것이다.

알쏭달쏭 내 생각

답 가능하다.
    신발을 얼마나 크게 만드는가에 달려 있다. 사람의 무게에 따라 다르겠지만 한쪽 신발의 부력이 사람의 무게와 평형을 이룬다면 충분히 걸을 수 있다. 물론 불안정하긴 하겠지만.

식량 배급
아르키메데스의 원리

어떤 물체가 물에 완전히 잠겼을 때
늘어난 물의 부피는 잠긴 물체의 부피와 같다.
이것을 **아르키메데스의 원리**라고 부른다.

전쟁 이후, 아르키 왕국은 메데스 왕국에 쇠와 솜의 수출량이 늘어나면서 한동안 풍요로운 생활을 누렸다. 하지만 그것도 잠시, 최대의 수출국이던 메데스 왕국에 가뭄이 들어 두 상품의 수출 물량이 엄청나게 줄어들고, 엎친 데 덮친 격으로 아르키 왕국에도 가뭄이 들어 백성들은 굶주리기 시작했다.

"전하! 백성들이 가뭄과 수출 저하로 먹을 것이 없어 몹시 굶주리고 있다 하옵니다."

아르키 왕국의 식량창고를 담당하고 있는 맨날배고파우스가 머리를 조아리며 어바리우스 왕을 찾아와 보고했다.

"큰일이구나. 그런데 그대의 손에 든 그것은 무엇인가?"

어바리우스 왕이 맨날배고파우스의 손에 들려 있는 햄버거를 보고 물었다.

"네? 이게 그러니까……."

맨날배고파우스는 한시도 손에서 먹을 것을 놓지 않는 사람으로, 평상시처럼 햄버거를 들고 입궁했던 것이었다. 게다가 그는 몸에 붙은 살들을 마치 훈장처럼 아꼈다.

어바리우스 왕의 따가운 시선에 맨날배고파우스가 머리를 조아렸다.

"전하, 죽을죄를 지었습니다. 제가 만날 배가 고프다보니……."

"어허, 그렇다고 무슨 죽을죄까지…… 그건 그렇고 피즈팬 참모, 무슨 좋은 수가 없겠는가?"

어바리우스 왕은 이제 난처한 일만 생기면 피즈팬을 찾았다.

"전하! 굶주린 백성들을 위하여 식량을 공평하게 나눠주는 식량 배급제를 시행하여 일단 백성들의 고픈 배를 채우는 것이 먼저라고 생각됩니다."

피즈팬은 어바리우스 왕을 향해 고개를 숙이며 대답했다.

"흠, 내가 그 생각을 미처 못했구나. 배고픈 백성들을 배고프지 않게 해 주는 것은 당연한 것! 당장 식량 배급제를 시행하도록 하라."

왕은 피즈팬의 의견을 받아들여 식량 배급 시행을 공포했다. 그리고 늘 배고파하는 맨날배고파우스가 백성들의 배고픔을 십분 이해할 수 있을 거라고 판단, 식량 배급을 책임지고 맡아서 처리하도록 했다.

"자, 자, 모두 줄을 서시오. 모두에게 공평하게 식량을 배급할 테니 질서를 지키시오!"

맨날배고파우스가 식량을 배급받기 위해 앞을 다투는 백성들을 향해 소리쳤다.

맨날배고파우스는 백성들의 키에 따라 식량을 배급하기로 기준을 정했다. 키가 큰 사람에게는 많은 식량을, 키가 작은 사람에게는 그 절반의 식량을 배급하기로 했다.

그랬더니 일부 키가 작은 얌체족들은 조금이라도 커 보이려고 까치발을 들거나 일부러 굽이 높은 신발을 신고 오는 경우까지 생겼다. 어쨌거나 백성들은 왕국에서 배급되는 식량을 질서정연하게 받아갔다.

"꺼억—!"

키가 장대처럼 크고 삐쩍 마른 멀대리우스가 배를 두드리며 트림을 했다. 그는 배급 받은 식량을 다 먹지도 못했는데 배가 금세 불렀다.

 "뭐야! 저 개뼈다귀 같은 멀대리우스가 식량을 남겼잖아! 난 아직 배가 덜 차서 허기진데 말이야."

 멀대리우스보다 나중에 배급을 받은 난쟁이리우스가 손에 묻은 마요네즈를 쪽쪽 빨며 투덜거렸다. 난쟁이리우스는 키는 작았지만 뒤뚱거리고 걸을 만큼 몸이 통통했다.

 멀대리우스는 배가 너무 부른 나머지 숨을 헐떡였다.

"야, 멀대리우스! 너 식량을 너무 많이 받은 거 아냐?"

"그러게 말이야. 키가 크다고 위까진 크진 않다고."

"허, 난 키는 작아도 위는 큰데……. 공평한 배급이라더니 이거 완전 사기잖아!"

난쟁이리우스가 씩씩거렸다.

이를 지켜보고 있던 맨날배고파우스는 잠시 고민에 빠졌다.

'키를 기준으로 하다 보니 양이 넘치거나 부족해 이런 문제가 발생하는구나. 이 일을 어쩐다? 아하, 그러면 되겠군!'

맨날배고파우스 머릿속에 좋은 방안이 떠올랐다.

다음날 그는 식량배급을 받기 위해 키 순서대로 줄을 서 있던 백성들 앞에서 자신감 넘치는 태도로 입을 열었다.

"자! 여기저기에서 불만이 생기니 이번에는 몸의 무게를 측정하여 무게가 많이 나가는 사람에게 식량을 더 많이 지급하겠소."

그때 두 병사가 큰 저울을 맨날배고파우스 앞에 내려놓았다. 백성들이 웅성거리기 시작했다.

"모두 조용히 하고 저울 앞에 줄을 서시오!"

맨날배고파우스는 배급받으러 오는 사람들을 일일이 저울에 몸무게를 달아 그에 따른 식량을 배급해 주었다.

"뭐야! 나는 키도 작고 몸무게도 별로 안 나간다고 요만큼밖에 안 주냐? 그런 게 어디 있어? 난 기본이 햄버거 다섯 갠데…… 달랑 햄버거 하나 주고 허기를 달래라니…… 말도 안 돼!"

이번엔 위크리우스가 투덜거렸다.

"키도 작고 몸무게도 적게 나가니까 배급이 적은 게 당연한 것 아닌가?"

많은 백성을 상대하다 지친 맨날배고파우스가 달래듯이 말했다.

"난 위가 커서 햄버거 하나로는 간에 기별도 안 간단 말이에요. 키 작고 말랐다고 해서 많이 안 먹는다고 누가 그

래요, 흥!"

위크리우스도 지지 않고 불만을 토해냈다.

결국 맨날배고파우스는 식량을 배급하다 말고 어바리우스 왕을 찾아가 하소연을 하기에 이르렀다.

"전하! 전 도저히 머리가 아파서 식량 배급을 못하겠습니다. 키를 따져 식량을 배급하면 키 작고 뚱뚱한 백성들이 투덜거리고, 몸무게에 따라 식량을 배급하면 위가 큰 백성들이 배급량이 적다고 투덜거리니 이 일을 어찌 해야겠습니까?"

"흠, 모든 백성에게 공평하게 식량을 배급해야 하는데, 기준이 키도 안 되고 몸무게도 안 된단 말이지. 그럼 도대체 무엇을 기준으로 해야 공평하게 식량을 배급한다?"

어바리우스 왕은 긴 한숨을 내쉬었다. 뾰족한 수가 떠오르지 않던 어바리우스 왕은 피즈팬에게 가까이 오라고 손짓했다.

"자네가 물리참모이니 이 일을 과학적으로 풀어 보게!"

"알겠습니다!"

궁을 나선 피즈팬은 키도 몸무게도 안 된다는 생각을 하며 그 길로 전용 과학실로 향했다. 그리고 식량 배급에 대한 해결책으로 적당한 기준을 찾기 위해 고민했다. 그러다 머릿속에 '번쩍' 하고 좋은 방법이 떠올랐다.

피즈팬은 크기가 다른 컵 두 개를 가져왔다.

"밑넓이는 작지만 높이가 큰 컵을 크고 마른 사람이라 하고, 높이는 작지만 밑넓이가 큰 컵을 작고 뚱뚱한 사람이라 해 보자. 이 두 개의 컵 안에 물을 각각 담아 보면……. 그래, 이거야! 키가 크다고 해서 무조건 물이 많이 들어가는 게 아니라 부피가 클수록 물이 많이 들어가는 거야. 이런 방법으로 사람들의 부피를 측정하면 되겠어!"

피즈팬은 그 길로 왕궁으로 뛰어갔다.

"전하! 기쁜 소식이옵니다."

"오호! 피즈팬 참모, 해결책을 찾았나 보군! 어서 말해 보게."

피즈팬의 말에 어바리우스 왕이 반갑게 대답했다.

"큰 통 안에 작은 통을 하나 넣고, 그 작은 통 안을 물로 가득 채워 사람들을 들어가게 한 후 넘치는 물로 사람마다의 부피를 측정하여 식량을 배급한다면, 백성들이 공평하게 식량을 배급받을 수 있을 거예요."

"그게 무슨 말인고?"

피즈팬의 말을 바로 이해하지 못한 어바리우스 왕이 다시 되물었다. 피즈팬은 자신이 알아낸 묘안을 설명했다.

"다시 말씀드리면, 사람의 부피를 측정하려면 가득 찬 물에 그 사람을 들어가게 한 후 넘친 물의 부피를 재면 됩니다. 그 두 부피가 같기 때문이지요."

 피즈팬은 잔뜩 기대를 한 채 자신의 말에 귀를 기울이고

있는 왕에게 차근차근 설명했다.

"흠, 그렇겠군!"

어바리우스 왕은 당장 각 마을에 물과 통을 준비하라고 일렀다. 식량배급을 받기 위해 모인 백성들은 이번에는 물이 가득 찬 통에 들어가야 한다는 말을 듣자 황당해했다. 하지만 배가 고픈 그들은 식량을 얻기 위해서 물속에 들어갈 수밖에 없었다.

맨날배고파우스는 백성들이 물이 담긴 통에 들어갔을 때 넘친 물의 부피를 측정했다. 그리고 그 양에 비례하여 식량을 차례대로 배급했다.

부피를 측정하여 식량을 배급하는 새로운 기준에 따라 백성들은 모두 공평하게 식량을 배급받을 수 있었다. 이후 백성들의 불만은 조금씩 사라졌다.

당신은 스테이지 3을 통과했습니다.
다음 아이템을 받을 수 있습니다.

열기구

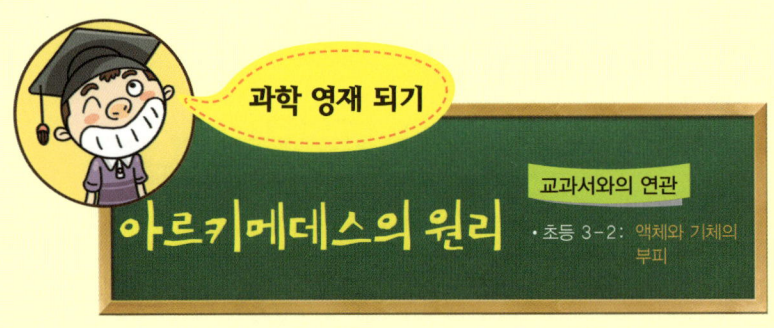

물을 가득 채운 컵에 동전을 집어넣으면 물이 넘쳐흐르죠? 또, 물이 가득 채워져 있는 욕조에 몸을 담그면 물이 밖으로 넘쳐흘러요. 이러한 현상은 아르키메데스의 원리 때문에 일어납니다.

물속에서 무거운 돌을 들어보면 물 밖에서 돌을 들 때보다 힘이 덜 든다는 것을 알 수 있어요. 이것은 물속에서 물체의 무게가 줄어든 것 같은 효과를 주기 때문인데, 이때 무게를 줄어들게 만드는 것이 바로 부력이에요. 물체의 무게는 지구가 물체를 잡아당기는 중력 때문에 아래로 작용하지만, 부력은 물체를 위로 떠오르게 하려는 힘이므로 위로 작용해요.

아르키메데스 원리를 이해하려면 '대체된 물의 부피'의 개념을 먼저 이해해야 합니다. 다시 물이 가득 담긴 컵에 돌을 넣는 경우를 생각해 볼까요?

물이 가득 담긴 컵에 돌을 넣자 물이 넘쳤어요.

돌을 넣은 후 컵 밖으로 넘쳐 나온 물의 부피를 **대체된 물의 부피**라고 부릅니다. 아르키메데스 원리를 간단히 말하면 다음과 같아요.

> ● 아르키메데스의 원리 ●
>
> 물속에 잠긴 물체의 부피와
> 대체된 물의 부피는 같다.

아하! 그러니까 물속에 잠긴 물체의 부피를 구하기 위해서는 넘쳐흐른 물의 부피를 재면 되겠군요. 이런 식으로 아르키메데스의 원리를 이용하면 다양한 모양을 가진 물체의 부피를 잴 수 있답니다.

만약 돌을 호수에 던졌을 때, 돌이 물속으로 깊이 들어갈수록 부력이 달라질까요? 그렇지는 않아요. 호수 물속에 잠긴 돌이 어느 깊이에 있든 이때 돌의 부피는 같은 양의 대체된 물의 부피가 돼요. 그것은 바로, 돌이 있는 위치와 관계없이 돌이 받는 부력은 일정하다는 것을 의미하지요.

그렇다면 물체가 절반만 물속에 잠기는 경우는 어떻게 될까요? 물체가 완전히 물에 잠겼을 때는 대체된 물의 부피가 물체의 부피와 같아요. 하지만 절반만 잠겼을 때는 물속에 잠겨 있는 물체의 부피와 대체된 물의 부피가 같아집니다. 그러니까 물체의 부피는 대체된 물의 부피의 두 배가 되겠지요.

이러한 아르키메데스의 원리는 모든 유체에서 성립합니다. 유체는 흐르는 성질을 띤 물질을 말하는데, 액체와 기체를 아울러 이르는 말이랍니다.

생활 과학 카페

일정한 모양이 아닌 고체의 부피 재기

정육면체의 부피는 한 변의 길이만 알면 쉽게 구할 수 있습니다. 직육면체의 부피는 가로, 세로, 높이를 재면 구할 수 있지요. 우리가 자주 가지고 노는 축구공이나 농구공 등의 공들도 반지름만 알면 부피를 구할 수 있어요. 이렇게 규칙적인 모양을 갖는 입체 도형의 부피는 수학 공식으로 쉽게 구할 수 있지요.

그럼, 제멋대로 생긴 물체의 부피는 어떻게 구할까요?

예를 들어 찰흙을 아무렇게나 뭉쳐 괴상망측한 모양의 입체를 만들었다고 해 보죠. 이런 입체의 부피는 수학적으로 계산할 수 없어요. 공식이 없기 때문이지요. 하지만 메스실린더를 이용하면, 쉽게 이 물체의 부피를 구할 수 있습니다. 메스실린더는 눈금이 새겨져 있는 실린더를 말해요.

메스실린더에 물을 $100cm^3$을 넣고 그 안에 물체를 넣습니다. 이때 물체는 물에 가라앉아야 해요. 그러면 물의 높이가 올라갈 거예요. 잠긴 물체의 부피만큼 물을 밀어 올리기 때문이지요. 이때 메스실린더의 눈금이 $150cm^3$로 변했다면 물속에 잠긴 물체의 부피는 바로 $50cm^3$가 됩니다.

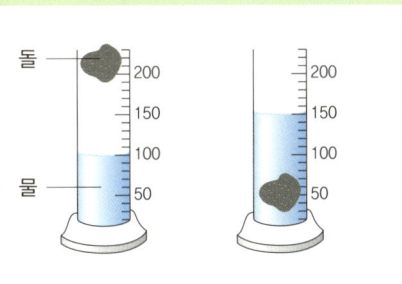

아르키메데스의 원리

기본 다지기

1. 물속에 넣었을 때 200g의 물을 밀어내는 나무토막의 공기 중에서의 무게와 물속에서의 무게를 구하면?

2. 똑같은 무게의 금과 은을 물에 넣었을 때 물이 더 많이 넘치는 것은?

   a) 금　　　　　　b) 은　　　　　　c) 둘 다 같다.

서프라이즈 진실 혹은 거짓

1. '유레카'는 '발견했다'라는 뜻이다.

   ☐ 진실　　　　☐ 거짓

2. 악어는 돌멩이를 삼켜 물속에 잠수한다.

☐ 진실　　　　☐ 거짓

3. 물을 담은 비커 안에 작은 나무판을 띄우고 그 위에 쇠구슬을 올려놓았다. 이 쇠구슬이 굴러서 물에 빠지면 물의 높이는 올라간다.

☐ 진실　　　　☐ 거짓

> 알쏭달쏭 **내 생각**

김욕조 씨는 동네에서 작은 목욕탕을 운영하고 있다. 김욕조 씨의 목욕탕은 아주 작아서 사람이 서너 명 들어가면 꽉 차는 욕조 하나만 있다.

하루는 체구가 우람한 씨름 선수 네 명이 아침에 문을 열자마자 목욕탕에 왔다. 그런데 씨름 선수들이 모두 나간 후 입장한 다른 손님이 욕조에 물이 너무 적다며 김욕조 씨에게 항의했다.

욕조의 물이 왜 줄어들었을까? 여러분의 생각은?

기본 다지기

1. 200g, 0

   나무토막은 물에 뜬다. 물에 뜨는 물체는 공기 중에서의 자신의 무게만큼 부력을 받고, 이 부력의 무게만큼 물을 밖으로 밀어낸다. 그러므로 공기 중에서의 나무토막의 무게는 200g이고, 물속에서의 무게는 0이다.

   * 무게의 단위는 그램(g)이 아니라 뉴턴(N)이다. 예를 들어 질량이 200g인 물체의 무게는 2N이다. 하지만 초등학교 교과서들이 모두 무게의 단위를 g으로 처리하고 있으므로 이 책에서는 교과서의 단위를 따른 것뿐이다. 자세한 무게의 단위에 대해서는 3권 '구석구석 미치는 힘'을 참조하라.

2. b) 무게가 같을 때 은의 부피가 금의 부피보다 크므로 은을 넣었을 때 물이 더 많이 넘친다.

서프라이즈 진실 혹은 거짓

1. 진실

   유레카는 고대 그리스어로 '발견했다'라는 뜻이다.

2. **진실**

    물고기는 부레가 있어서 부레를 팽창시키거나 수축시켜 물 위로 떠오르거나 물속으로 내려간다. 하지만 부레가 없는 악어는 돌멩이를 삼켜서 밀도를 크게 만들어 물속에 잠수한다.

3. **거짓**

    쇠는 물보다 밀도가 크다. 그러므로 쇠구슬을 떠받치고 있던 나무판의 부력만큼의 물의 부피보다 쇠구슬에 의해 올라가는 물의 부피가 작기 때문에 물의 높이는 내려간다.

알쏭달쏭 내 생각

답 **씨름 선수들 때문이다.**

덩치가 큰 씨름 선수들은 부피가 크다. 사람이 물속에 들어가면 사람의 부피만큼 물을 밖으로 밀어내게 되는데, 네 명의 덩치 큰 씨름 선수가 작은 욕조 속으로 비집고 들어가 물을 밖으로 밀어내는 바람에 욕조에 물이 적게 남게 된 것이다.

독립기념일
기체의 부력

기체도 **부력**을 받는다.
이때 밀도가 작은 기체는 위로 올라가고
밀도가 큰 기체는 아래로 내려간다.

피즈팬의 지혜로 가뭄과 경제적 어려움을 이겨낸 아르키 왕국의 백성들은 안정을 되찾고 곧 있을 독립기념일 축제로 한껏 들떠 있었다.

"음, 우리 아르키 왕국이 이렇게 자유를 쟁취하고 독립한 지가 벌써 백 년이 되었소. 독립기념일 축제를 기대하고 있는 많은 백성을 위해 왕으로서 정말 멋진 축하를 해 주고 싶소. 뭐 좋은 아이디어가 없소?"

어바리우스 왕은 여러 재상을 불러 독립기념일 축제에 대한 의견을 물었다.

"난 맑은 하늘 위로 성대한 뭔가를 날리고 싶은데……. 그러면 아주 멋지고 아름답지 않겠소?"

어바리우스 왕은 아무 말도 없는 재상들의 반응을 살피며 기대에 찬 얼굴로 물었다.

"……."

"음~ 전하! 새들을 하늘 높이 날려 보내면 정말 뷰티풀, 판타스틱하지 않을까요?"

침묵을 깨고 패션 재상 앙드리우스가 혀를 굴리며 우아

하게 말을 꺼냈다.

"그건 아니 되오!"

평소 앙드리우스를 못마땅하게 생각하던 전쟁 재상 싸우리우스가 끼어들었다.

"오우~ 싸우리우스 재상! 안 된다고 하는 이유가 도대체

뭔가요?"

앙드리우스가 물었다.

"아르키 왕국의 새들은 모두 철새라 지금 여기 남아 있는 새라고 해 봤자 몇 마리나 될 것 같소. 그 몇 마리 안 되는 새들을 하늘에 날려 보낸다 하여 그것이 아름답기나 하겠소?"

싸우리우스가 우렁찬 목소리로 말했다.

"그래도 새들이 나는 엘레강스한 모습을 상상해 보세요. 오우, 생각만 해도 뷰티풀~!"

앙드리우스가 두 손을 모아잡고 황홀한 듯 말했다.

"앙드리우스 재상, 아무래도 새 몇 마리로는 축제의 흥을 돋우기는 어려울 것 같군요."

어바리우스 왕이 아이를 달래듯 앙드리우스에게 부드럽게 말했다.

"그럼…… 풍선을…… 띄우는 것은 어떠실는지…….''

수줍음이 많은 평화 재상 부끄부끄우스가 조심스럽게 말을 꺼냈다.

"풍선?"

어바리우스 왕이 반가운 표정으로 물었다.

"오색 풍선을 불어서…… 하늘에 띄운다면…… 보기도 좋고 축제 분위기도 날 것이옵니다."

부끄부끄우스가 들뜬 목소리로 어바리우스 왕에게 알렸다.

"오호! 그것 좋은 생각이오!"

"하지만 전하, 풍선을 하늘 높이 날리는 것은 무리입니다. 풍선이 하늘로 조금 올라가다 다시 땅으로 떨어질 테니까요."

이번에는 묵묵히 자리를 지키고 앉아 있던 갤러리 재상이 이의를 제기했다. 부끄부끄우스의 얼굴이 붉게 달아올랐다.

이렇듯 서로 다른 의견으로 회의는 무려 다섯 시간 동안이나 계속되었다. 지친 어바리우스 왕은 다음 회의 시간을 정하고 모든 재상을 돌려보냈다.

"어허, 이 많은 재상 가운데 독특한 아이디어를 내는 사람 한 명이 없다니…… 쯧쯧! 그나저나 다가오는 독립기념일에 어떤 이벤트를 백성들에게 보여주나…….”

어바리우스 왕은 깊은 한숨을 내쉬며 혀를 끌끌 찼다. 항상 어바리우스 왕의 곁을 지키던 피즈팬도 고민에 빠졌다.

그날 오후, 날씨는 더없이 맑고 화창했다. 기상을 담당하는 웨더우스의 날씨예보에 따르면, 며칠 뒤에 있을 독립기념일도 날씨가 화창할 예정이었다.

집으로 돌아온 피즈팬은 점심을 먹기 위해 부엌으로 들어섰다가 이상한 소리를 듣게 되었다.

틱! 티딕 틱-

“어? 이게 무슨 소리지?”

틱! 티딕!

다시금 무언가가 튀는 듯한 소리가 났다. 피즈팬은 주위를 두리번거리다 그 소리의 진원지가 음료수 페트병이라는 것을 알아냈다.

“헉, 어제 마시다 만 음료수에서 나는 소리잖아?”

피즈팬은 식탁 위에 있는 찌그러진 페트병을 들고 자세

히 관찰했다.

"페트병에서 어떻게 소리가 나는 걸까? 어제 저녁까진 아무 소리도 안 났는데…….."

궁금한 것은 절대로 참지 못하는 피즈팬은 소리의 원인을 찾기 위해 연구를 시작했다. 그렇게 늦은 밤까지 연구를 거듭하던 끝에 피즈팬은 드디어 소리의 원인을 찾을 수 있었다.

"아하, 이거야! 온도가 올라가니까 페트병 안의 공기가 팽

창하게 되면서 찌그러진 페트병이 펴진 거야! 소리는 그 소리였던 거고."

피즈팬은 페트병 안 공기의 팽창에 대해 생각하다가 독립기념일 이벤트 때문에 고민하던 어바리우스 왕과 부끄부끄우스가 제안한 풍선 이벤트가 떠올랐다.

"가만! 따뜻한 공기를 풍선 안에 주입하면 부피가 커질 거고, 그럼 밀도가 작아져서 풍선은 위로 높이 올라갈 거야! 그래, 그거였어!"

피즈팬은 흥분에 들뜬 채 어바리우스 왕에게 달려갔다.

"피즈팬 참모, 무슨 일이기에 그리도 급하오?"

센차니스 왕비와 차를 마시던 어바리우스 왕이 피즈팬을 보고 물었다.

"전하! 기쁜 소식입니다."

"오호호~ 난 기쁜 소식이 좋아! 어바리우스, 피즈팬 참모가 기쁜 소식을 전하러 왔대요!"

센차니스 왕비가 나서서 호들갑을 떨었다.

"무슨 일인지 어서 말해 보게."

"전하의 바람대로 독립기념일에 하늘 위로 풍선을 날릴 좋은 생각이 있습니다. 제가 책임지고 진행할 테니 아무 염려 마시고 전하께서는 왕비님과 함께 참석해 주세요!"

후다닥 말을 전한 피즈팬은 준비를 위해 쏜살같이 사라졌다.

마침내 100주년 독립기념일이 되었다. 축제에 대한 기대감에 들뜬 수많은 아르키 왕국의 백성들이 궁전 앞에 모여들었다. 어바리우스 왕은 백성들을 흐뭇한 표정으로 바라보았다. 그러나 독립기념일을 위한 풍선 이벤트가 제대로 펼쳐질지 알 수 없어 마음은 그저 불안할 뿐이었다.

"피즈팬, 자네만 믿네."

얼굴에 초조한 빛이 가득한 어바리우스 왕이 말했다.

"모든 게 순조롭게 잘 진행되고 있으니 아무 걱정하지 마세요, 전하."

피즈팬이 확신에 찬 어조로 대답했다.

드디어 100주년 독립기념일 축제가 시작되었다. 경쾌한 음악이 축제 분위기를 돋운 뒤 우렁찬 축하곡이 흘러나왔다. 수천 개의 알록달록한 풍선이 음악과 함께 일제히 하늘 높이 날아올랐다.

"우와, 하늘 좀 봐! 꼭 무지개가 뜬 것 같아."

과연 빨주노초파남보 색깔별로 날아가는 풍선이 마치 커다란 무지개처럼 보였다. 백성들은 하늘에 떠가는 풍선들을 향해 손을 흔들며 환호와 갈채를 쏟아냈다.

"어바리우스, 너무 멋져요!"

센차니스 여왕이 하늘의 풍선을 보며 소리쳤다.

"그러게 말이오. 피즈팬 참모, 정말 대단하군! 풍선이 높이 날지 못한다고 해서 불가능할 줄 알았는데 어떻게 저런 아름다운 광경을 연출할 수 있었지?"

어바리우스 왕이 감탄하며 피즈팬에게 물었다.

"전하, 설명은 나중에 드리겠습니다. 어서 왕비님과 함께 이 열기구에 오르세요."

피즈팬이 어바리우스 왕에게 열기구를 가리키며 말했다. 왕과 왕비가 서 있는 곳으로부터 열기구까지는 빨간 카펫이 깔려 있었다. 어바리우스 왕이 왕비의 손을 잡았다.

"어머! 이건 또 뭐야? 어바리우스랑 붕어빵이네. 너무 잘생겼다, 호호호……."

색색의 풍선들을 구경하던 센차니스 왕비는, 엄청나게 큰 열기구가 등장하자 열기구와 어바리우스 왕을 번갈아 보며 감탄사를 내뱉었다.

"허허~ 내가 그리 잘생겼소?"

어바리우스 왕이 어깨를 으쓱하며 말했다.

"그렇고 말고요!"

센차니스 왕비가 천진난만하게 대답했다.

열기구는 피즈팬이 아르키 왕국의 독립기념 축제를 위해 어바리우스 왕의 얼굴을 모델로 엄청나게 크게 만든 것이었다. 어바리우스 왕과 센차니스 왕비는 열기구를 타고 하늘로 날아올랐다.

거대한 어바리우스 왕 얼굴 풍선이 궁전 위로 둥둥 떠오르자 백성들의 눈이 휘둥그레졌다. 그러다 어바리우스 왕과 왕비가 그 거대한 풍선에 타고 있다는 사실을 알고는 환호성을 질렀다.

"어바리우스 왕 만세!"

"아르키 왕국 만세!"

"센차니스 왕비님 멋쟁이!"

"어머머, 어바리우스 들었어요? 제 미모를 한눈에 알아본 저 백성이 누군지 당장 알아내서 어마어마한 포상을 해야겠어요."

센차니스 왕비가 콧소리를 내며 어바리우스 팔에 매달렸다.

"허허허, 본래 그런 것을 그렇다고 하는 것은 상 줄 일이 아니라오."

어바리우스 왕이 웃으며 말했다.

어쨌거나 어바리우스 왕과 왕비는 더없이 기쁜 표정으로 백성들을 향해 손을 흔들었다.

잠시 후, 열기구에서 내린 어바리우스 왕은 피즈팬을 불렀다.

"피즈팬! 열기구를 타고 하늘을 나니까 마치 내가 새가 된 기분이었네. 백성들과 왕국이 한눈에 들어오니 아주 즐겁더군."

"즐거우셨다니 기쁘고 영광입니다."

"풍선은 그렇다 치고 이 거대한 열기구는 어떻게 만들었나?"

어바리우스 왕이 눈을 반짝이며 물었다.

"이 열기구의 원리는 좀 전에 쏘아 올린 풍선과 비슷해요. 즉 뜨거워진 공기가 팽창하면서 밀도가 작아져 위로 올라가게 된 거지요."

"그렇군. 센차니스 왕비, 포상은 나를 칭찬한 사람이 아니라 문제를 해결한 사람에게 주는 거라오. 따라서 아르키 왕국의 100주년 독립기념 축제를 성공적으로 이끈 피즈팬 참모야말로 포상을 받을 만하오."

"과찬의 말씀이십니다. 참모로서 당연히 해야 할 도리를 한 것뿐인데요."

"하하하, 그 겸손한 태도도 좋군!"

어바리우스 왕은 피즈팬의 두 손을 꼭 잡으며 고마움을 표했다.

피즈팬의 활약에 힘입어 아르키 왕국의 100주년 독립기념일 축제는 아주 성대하게 밤새도록 이어졌다.

축하합니다.

당신은 모든 스테이지를
통과했습니다.

기체의 부력

이번에는 기체 속에서의 물체의 부력에 대해 알아볼까요?

부력은 물과 같은 액체에서만 일어나는 게 아니에요. 기체와 액체처럼 흘러가는 성질을 가진 유체 속에서 물체는 항상 부력을 받아요.

그럼, 공기 속에서도 물체는 부력을 받을까요?

물이 물체를 위로 떠받치는 게 부력이듯 공기가 물체를 위로 떠받치는 힘도 부력이라고 불러요. 이때 공기보다 밀도가 작은 물질은 위로 올라가고 밀도가 큰 것은 아래로 떨어져요. 그래서 공기보다 밀도가 작은 수소나 헬륨을 채운 풍선은 위로 올라가지요.

공기가 뜨거워지면 부피가 커질까?

공기가 뜨거워지면 공기를 이루는 분자들의 에너지가 커집니다. 에너지가 커지면 분자들이 더 멀리까지 움직일 수 있게 되므로 공기의 부피가 커지지요. 이때 질량은 같은데 부피만 커졌으므로 상대적으로 밀도는 작아져요. 이렇게 뜨거운 공기는 주위보다 밀도가 작기 때문에 위로 올라간답니다.

열기구와 수소기구

런던 과학박물관에 있는 몽골피에 형제의 풍선 모델 열기구를 처음 발명한 사람은 몽골피에 가문의 두 형제인 조제프 몽골피에와 자크 몽골피에입니다. 프랑스의 론 강변의 작은 마을 아노네에서 큰 제지공장을 운영하던 두 형제는 물체가 날아올라 갈 수 없을까 고민하다가 커다란 종이자루에 증기를 채우면 구름처럼 하늘을 둥실 떠다닐 수 있을 거라고 생각했지요.

1783년 6월 5일 몽골피에 형제는

런던 과학박물관에 있는 몽골피에 형제의 풍선 모델

자신들의 생각을 많은 사람이 보는 앞에서 실험했어요. 지름이 12 cm인 자루를 긴 기둥에 묶고 자루의 주둥이 밑에 밀짚과 땔나무를 가득 쌓았지요. 형제가 땔나무에 불을 붙이자 연기가 피어올랐고 자루는 팽팽하게 부풀어 커다란 공이 되었어요. 뜨거워진 공기가 팽창한 거지요.

이 공은 둥실둥실 하늘로 올라가 10분 만에 2000 m 높이까지 올라갔어요. 하지만 종이자루는 계속 올라가지 못하고 다시 추락하여 포도밭에 떨어졌습니다.

그 해 11월, 물리학자인 로제와 다란드 두 사람을 태운 대형 열기구가 부로뉴 숲 상공에 떠올랐어요. 기구는 500 m 높이까지 올라갔고 25분 동안 하늘을 날아 출발지로부터 9 km를 날아갔습니다.

공기주머니 속의 공기를 데우고 있는 열기구

수소나 헬륨처럼 공기보다 가벼운 기체를 이용한 비행은 프랑스의 과학자 샤를에 의해 시작되었습니다.

샤를은 온도가 올라가면 기체는 부피가 팽창한다는 사실을 알아냈어요. 샤를은 몽골피에 형제의 열기구에 대한 소문을 듣고 자신도 기구를 만들어 보기로 결심했습니다. 그는 몽골피에 형제와는 달리 공기보다 가벼운 수소를 사용하기로 하고 지름이 4m인 커다란 공에 수소를 가득 채웠어요. 그런 후 1783년 8월 23일 샤를은 많은 사람이 보는 앞에서 수소 기구를 타고 하늘로 올라갔어요. 수소 기구는 2분도 채 안 되어 1000m 높이까지 올라가 약 2시간 동안 43km를 날아갔답니다.

샤를(1746~1823)
프랑스의 과학자, 수학자, 발명가

비행선

열기구에 어떻게 하면 많은 사람을 태울 수 있을까라는 생각은 비행선에 대한 연구를 본격화시켰어요.

1852년 프랑스의 앙리 지파르는 유선형 가스기구에 35마력짜리 증기 엔진을 설치하고 프로펠러를 회전시켜 어느 정도 마음대로 비행할 수 있는 비행선을 만드는 데 성공했어요. 1884년에 러나드는 8.5마력의 전기모터에 의해 시속 23km로 날 수 있는 비행선을 만들었어요. 그 후 가볍고 힘 좋은 가솔린 엔진의 개발과 제작기술의 향상으로 여러 가지 모양의 성능 좋은 비행선이 만들어졌지요.

1900년에 와서 독일의 제펠린은 골격으로 알루미늄을 사용하여 비행선의 대형화를 가져왔고 추진력도 아주 커졌어요. 이 같은 기술을 바탕으로 제펠린은 1914년까지 백여 대가 넘는 비행선을 계속 제작하면서 성능을 향상시켰어요.

1909년 세계 최초의 항공사인 도이치 비행선 주식회사가 생겼어요. 이 회사는 1910년 6월부터 제1차 세계대전 발발로 운행이 중단된 1914년까지 4년 동안 일곱 대의 비행선으로 매일 평균 한 편 이상의 운항을 계속했지요. 그 후 점점 성능 좋은 비행선이 개발돼 제1차 세계대전 당시에는 전투에 참가하기도 했어요. 비행선에서 폭탄을 직접 손으로 집어던지는 원시적 공습이었지만 당시로서는 2차 세계대전의 B29 전투기만큼이나 엄청난 신무기였지요.

전쟁이 끝나자 다시 비행선은 관광과 운송수단으로 이

힌덴부르크 호(왼쪽)와 비행 중 폭발하는 모습(오른쪽)

용되었습니다. 1936년 만든 독일의 힌덴부르크 호는 보잉 747 점보 여객기보다 큰(길이 245 m, 몸체 지름 41 m), 피아노와 오락실을 갖춘 호화 비행선이었어요. 승객인원은 90여 명으로 대서양을 왕복하면서 하늘 여행을 즐겼지요.

그러나 이 같이 호화롭던 비행선도 1937년 5월 6일 정전기로 수소가스가 폭발하는 바람에 승객 97명 중 36명이 사망하는 대형 항공사고가 발생했습니다. 원래 힌덴부르크 호는 헬륨을 사용하도록 설계되어 폭발의 위험이 없었지만 유일한 헬륨 생산국인 미국이 독일에 헬륨을 팔지 않는 바람에 수소를 사용할 수밖에 없었어요. 비행선은 이 같은 안전 문제와 느린 속도, 그리고 결정적으로 날개가 달린 비행기의 등장으로 화려했던 옛 모습을 감추고 사라졌어요.

생활 과학 카페

풍선으로 사람 들어 올리기

놀이동산에 가면 풍선을 들고 다니는 아이들을 흔히 볼 수 있어요. 이 풍선 속에는 공기보다 밀도가 작은 헬륨이 채워져 있기 때문에 부력에 의해 위로 떠오릅니다. 그래서 아이들은 풍선을 잃어버리지 않기 위해서 풍선 줄을 꽉 잡지만 간혹 줄을 놓쳐 하늘 높이 날아가는 풍선을 바라보며 울기도 하지요.

만약 풍선으로 어린아이를 날아오르게 하려면 풍선이 몇 개 정도가 필요할까요?

우리가 흔히 보는 헬륨을 채운 풍선은 약 4g 정도의 물체를 들어 올릴 수 있다고 알려져 있습니다. 헬륨보다 밀도가 작은 수소를 사용하면 들어 올리는 물체의 무게를 더 크게 할 수 있지만, 풍선이 터져 수소가 공기 중으로 새어나오면 폭발하기 때문에 수소를 채운 풍선은 사용하지 않아요.

헬륨 풍선을 기준으로 계산해 보면, 몸무게 30kg인 어린이에게 헬륨 풍선 3000개 정도를 매달면 날아오르게 할 수 있습니다. 물론 더 많은 풍선을 매달면 부력을 더 크게 받아 더 높이 날아오르게 되지요.

기본 다지기

1. 다음 중 풍선에 채웠을 때 위로 올라가지 않는 기체는?

   a) 수소
   b) 헬륨
   c) 이산화탄소

2. 다음 중 기온이 18 ℃일 때 위로 올라가는 풍선은?

   a) 온도가 10 ℃인 공기를 채운 풍선
   b) 온도가 17 ℃인 공기를 채운 풍선
   c) 온도가 60 ℃인 공기를 채운 풍선

서프라이즈 진실 혹은 거짓

1. 풍선에 더운 공기를 채우면 위로 올라간다.

   ☐ 진실   ☐ 거짓

2. LPG가 샜을 때는 빗자루를 이용하여 집 밖으로 쓸어 내야 한다.

   ☐ 진실   ☐ 거짓

3. 수소를 채운 풍선 13900개로 70kg의 사람을 날아오르게 할 수 있다.

   ☐ 진실   ☐ 거짓

> **알쏭달쏭 내 생각**

김과마 씨는 과학을 이용한 마술로 인기를 끌고 있는 과학 마술사다. 그는 항상 새로운 과학을 이용한 마술쇼를 아이들에게 보여 주는데, 아이들은 김과마 씨의 마술을 통해 과학도 배우면서 즐거워했다.

그러던 어느 날, 김과마 씨는 아이들이 많이 모인 광장에서 뚜껑이 없는 빈 병 주둥이 위에 동전 하나를 올려놓고 손을 대지 않고 동전이 위로 뜨게 할 수 있다고 말했다.

과연 이런 일이 가능할까? 여러분의 생각은?

☐ 가능하다   ☐ 불가능하다

기본 다지기

1. c) 이산화탄소는 공기보다 무겁다.

2. c)

서프라이즈 진실 혹은 거짓

1. 진실
   공기는 더워지면 팽창하기 때문에 밀도가 작아진다. 그러므로 더운 공기를 넣은 풍선은 주변의 공기보다 밀도가 작기 때문에 위로 올라간다.

2. 진실
   보통 가정용 가스가 새면 유리창을 모두 열고 두세 시간 외출하고 돌아오면 전부 빠져 나가는 것으로 생각하지만 그것은 LNG의 경우다. LNG는 액화 천연가스로 주성분이 공기보다 가벼운 메탄가스다. 하지만 LPG라고 부르는 액화 프로판 가스는 공기보다 무겁기 때문에 유리창을 열어 놓아도 유리창을 통해 밖으로 빠져나가지 않는다. 따라서 프로판 가스가 새어 나왔을 때는 바닥에 쌓여 있는 가스를 빗자루를 이용하여 문 밖으로 쓸어 내야 한다.

3. **진실**

   수소를 채운 풍선 한 개의 부력으로는 사람을 들어 올릴 수 없지만 아주 많은 풍선을 모으면 부력이 커져서 사람을 날아오르게 할 수 있다. 이 실험은 KBS의 〈스펀지〉라는 프로그램에서 실험되었는데, 그때 70kg의 사람을 날아오르게 하는 데 필요한 풍선은 13900개 정도였다.

알쏭달쏭 내 생각

답 **가능하다.**

빈병의 아래 부분을 불로 가열하면 된다. 그러면 병 안의 공기가 데워지면서 공기가 팽창하고 밀도가 작아지면서 위로 올라가게 된다. 이 힘으로 동전을 위로 움직이게 할 수 있다.

부록 과학자가 쓰는 과학사

부력의 원리를 밝혀낸 아르키메데스

아르키메데스
(기원전 287년경 ~ 기원전 212년경)

여러분 반가워요. 나는 아르키메데스입니다. 나는 기원전 287년경 시라쿠사에서 태어났어요. 시라쿠사는 이탈리아 남쪽에 있는 시칠리아 섬에서 가장 아름다운 도시랍니다. 나의 아버지는 천문학자인 피디아예요. 그래서 나는 어릴 때부터 천체 관측을 좋아했지요.

나는 최초의 물리학자이자 최초의 발명가입니다. 나는 지렛대의 원리, 부력의 원리 등을 발견했고, 투석기, 복합 도르래 장치, 양수기 등을 발명했지요.

모래밭에서 공부하는 소년

어렸을 때 나는 바닷가에 가서 노는 것을 좋아했어요. 조개와 거북이 그리고 돌고래 들은 모두 나의 친구들이었지요. 바람이 불지 않고 파도가 잔잔한 날이면 나는 바닷가에서 공부했습니다. 그때는 종이도 연필도 없었기 때문에 바닷가 모래밭을 종이 삼아 수학문제를 풀곤 했지요.

당시 시라쿠사의 왕은 아버지의 친구인 히에론 왕이었어요. 히에론 왕은 로마와 동맹을 맺어 시라쿠사는 평화로운 나날을 보낼 수 있었지요.

열일곱 살이 되던 해, 나는 아버지와 이집트에 갔어요. 나는 당시 가장 높은 수준의 수학과 물리학을 가르치는 이집트의 알렉산드리아에 있는 왕립학교에 다니게 되었어요. 코논 선생님으로부터 수학과 물리학을 배웠는데, 그는 그리스 최고의 기하학자인 유클리드의 제자였지요. 나는 수학과 물리학에 뛰어난 재능을 보여 코논 선생님의 사랑을 독차지했답니다.

부록 — 아르키메데스가 쓰는 과학사

나는 틈만 나면 알렉산드리아의 도서관을 구경했어요. 이 도서관은 당시 세계에서 가장 큰 도서관으로 없는 책이 없었지요. 이곳에서 나는 수학자 유클리드의 책을 찾아 열심히 베꼈습니다. 시라쿠사로 돌아가 공부하기 위해서였어요.

당시에 나는 아리스타르코스라는 좋은 친구를 만났습니다. 아리스타르코스는 지구가 태양 주위를 움직인다는 것을 주장하고 지구와 태양 사이의 거리, 지구와 달 사이의 거리를 처음으로 계산한 훌륭한 과학자랍니다.

원주율의 발견

이집트에서 공부를 마치고 시라쿠사로 돌아온 나는 물리학과 수학을 실제 생활에 사용하는 것에 관심을 기울였어요. 그리하여 나사못이나 나선식 펌프와 같은 많은 발명품을 만들었지요.

수학에 있어서 나의 가장 위대한 업적은 원주율의 계산이에요. 나는 수레바퀴를 한 바퀴 굴러가게 했을 때 그 지나간 길이가 바퀴의 둘레라는 사실로부터 바퀴가 크던 작던 둘레의 길이는 바퀴 지름의 길이에 어떤 일정한 수를 곱한 값으로 나타난다는 사실을 알아냈어요. 나는 그 일정한 값을 '원주율'이라고 불렀어요.

나는 원주율을 구하기 위해 원에 내접하는 정다각형과 원에 외접하는 정다각형을 이용했어요. 즉

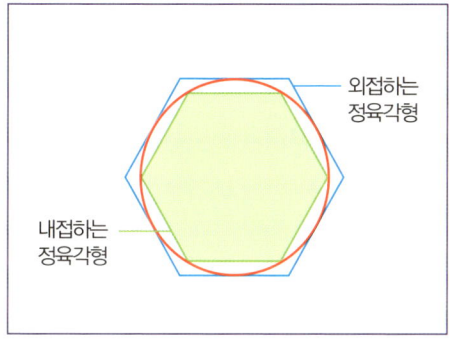

원 둘레의 길이는 원에 내접하는 정다각형의 둘레의 길이보다는 크고 원에 외접하는 정다각형의 둘레의 길이보다는 작다는 성질을 이용하여 원주율이 7분의 22와 61분의 17사이의 값이라는 것을 알아냈습니다.

원주율의 발견은 나에게 원이나 공과 같은 동그란 도형의 넓이나 부피를 계산할 수 있게 해 주었어요. 나는 원주율을 이용하여 원의 넓이와 공의 부피를 처음으로 계산할 수 있었지요. 또한 원뿔의 부피가 원기둥의 부피의 3분의 1이 된다는 것도 이때 알아냈습니다.

나는 원기둥과 원기둥에 내접하는 공의 부피 사이의 관계를 조사했어요. 그리고 높이와 지름이 같은 원통형의 컵에 물을 가득 채우고 이 원통에 내접하는 공을 넣었을 때 넘쳐 나오는 물

의 양을 살펴 공의 부피가 원통 부피의 3분의 2가 된다는 사실을 알아냈습니다. 이를 이용하여 나는 최초로 공의 부피에 대한 공식을 찾아냈지요.

지렛대의 원리

나는 작은 힘으로 무거운 물체를 들어 올릴 수 있는 지레를 발명했어요. 지레의 원리는 간단합니다. 시소의 받침점으로부터 같은 거리만큼 떨어져 있는 곳에 같은 무게의 두 사람이 앉아 있다고 해 볼게요. 이때 두 사람의 무게가 균형을 이루게 되므

로 시소는 어느 쪽으로도 움직이지 않아요.

그럼, 가벼운 사람과 무거운 사람이 시소를 타고 균형을 이루려면 어떻게 해야 할까요? 왼쪽에 앉은 사람이 오른쪽에 앉은 사람 무게의 두 배라면 오른쪽에 앉은 사람은 왼쪽에 앉은 사람보다 두 배 떨어진 곳에 앉아야 두 사람이 시소에서 균형을 이루게 됩니다.

그러니까 받침점으로부터 먼 쪽에서 약한 힘을 작용하면 받침점으로부터 가까운 쪽은 큰 힘을 받게 됩니다. 이 성질을 이용하면 작은 힘으로 큰 힘을 만들어 무거운 물체를 들어 올릴 수 있어요. 나는 받침점과 충분히 긴 지렛대를 주면 지구도 들어 올릴 수 있다고 자랑했지요.

지렛대의 원리는 생활 속에서 많이 이용되는데, 가장 간단한 예는 손톱깎이예요. 손톱깎이는 긴 손잡이를 작은 힘으로 누르면 받침점을 통해 연결된 손톱을 깎는 날 부분에 큰 힘이 작용해 손톱을 깎아 주지요. 그 외에도 병따개, 가위 등도 지렛대의 원리를 이용한 도구들입니다.

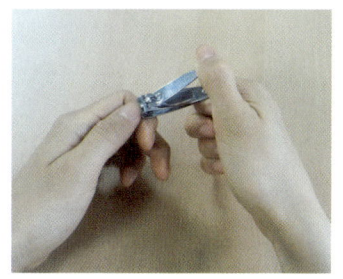

부록 — 아르키메데스가 쓰는 과학사

유레카! 왕관의 비밀

어느 날 히에론 왕은 전쟁에서 이기고 궁으로 돌아온 뒤 신에게 감사의 선물을 바치고 싶어 했어요. 그래서 그는 순금으로 만든 왕관을 신전에 바치기로 결심하고 금관을 제작할 금세공사에게 순금덩어리를 건네주었지요.

금세공사는 금을 조금 빼돌리고 은을 섞어 금관을 만들어 히에론 왕에게 바쳤어요. 물론 히에론 왕은 왕관이 순금으로 만든 것이라고 믿었지요. 하지만 얼마 후 세공장이가 은을 섞어 금관을 만들었다는 소문이 퍼지자 히에론 왕은 내게 금관이 순금인지 아닌지를 조사하라고 시켰어요.

금관을 받아 궁을 나온 나는 금관을 계속 바라보고 또 바라보았지요. 하지만 눈으로는 금관에 은이 섞여 있는지 도저히 알 수가 없었습니다.

며칠 동안 씻지도 않고 금관만 바라보느라 지저

분해진 내게 하인이 목욕을 권유했어요. 그래서 나는 목욕탕에 가서 물이 가득 찬 탕 속에 들어갔지요. 그때 탕 밖으로 물이 넘쳐흐르기 시작했어요. 순간 나는 "유레카"를 외치면서 알몸으로 집까지 뛰어갔습니다. '유레카'는 '알아냈다'라는 뜻이에요.

나는 물이 가득 담긴 통 속에 금관을 넣어 보았습니다. 그러자 물이 밖으로 넘쳤어요. 나는 이때 넘친 물의 부피가 금관의 부피와 같다는 것을 알아냈어요. 그래서 나는 왕관과 같은 무게의 금덩어리와 은덩어리를 물에 넣었습니다. 그러자 은덩어리를 넣었을 때 가장 물이 많이 넘쳐흘렀고 다음으로는 금관, 마지막으로 금덩어리의 순서로 물이 적게 넘쳐흘렀어요. 나는 이 실험을 통해 금관이 금으로만 이루어진 것이 아니라는 것을 알아낸 것이죠. 만일 금관이 금으로만 만들어졌다면 같은 무게의 금덩어리를 넣었을 때와 같은 부피의 물이 넘쳐흘렀을 테니까요.

나는 이 문제를 좀 더 깊게 연구했습니다. 물속에서는 무거운 돌멩이를 쉽게 들 수 있지요? 이것은 물속에서 물체의 무게가 줄어드는 효과가 생기기 때문입니다. 물속에서는 물체의 무게와 반대방향인 위 방향으로 작용하는 힘이 있는데, 이 힘을 물체의 부력이라고 부릅니다. 물체의 부력은 물속에 잠긴 물체의 위 방

| 부록 | 아르키메데스가 쓰는 과학사 |

향과 아래 방향에 작용하는 압력의 차이 때문에 생기지요. 물체의 위에 작용하는 압력은 물체의 아래에 작용하는 압력보다 작습니다. 그래서 물체는 아래에서 위로 향하는 힘을 받게 되는데 그것이 바로 물체의 부력이에요.

만약 물체의 부력이 물체의 무게보다 작으면 물체는 가라앉아요. 반면에 물체의 부력과 무게가 같으면 물체는 물속에 떠 있을 수 있고, 부력이 무게보다 크면 물체는 수면에 떠오르게 되지요.

이제 왜 은을 섞은 왕관을 물에 넣었을 때 같은 무게의 금덩어리를 넣었을 때보다 물이 더 많이 넘쳤는지를 알아볼까요?

은은 금보다 가벼워요. 그러므로 은으로 금과 같은 무게가 되도록 만들면 부피가 커지게 되지요. 물체를 물속에 넣으면 물이 넘치는데, 넘친 물의 부피는 물속에 잠긴 물체의 부피와 정확히 같아요. 이것을 사람들은 **아르키메데스의 원리**라고 부르지요. 같은 무게인 경우 은이 금보다 부피가 크므로 넘친 물의 부피가 더 많아요. 따라서 왕관을 금으로만 만들었을 때보다 은을 섞었을 때가 더 부피가 크므로 더 많은 물이 넘치게 되지요.

전쟁영웅 아르키메데스

히에론 왕이 죽고 제로니모 왕이 즉위하자 시라쿠사는 시끄러워지기 시작했어요. 제로니모 왕이 그동안 맺어왔던 로마와의 동맹을 깨고 카르타고와 동맹을 맺었기 때문이지요. 지중해의 패권을 둘러싸고 로마와 카르타고는 세 차례의 전쟁을 치르게 되는데 이것을 포에니전쟁이라고 합니다. 제2차 포에니전쟁(기원전 218년~기원전 201년) 때인 기원전 214년 로마는 자신을 배반한 시라쿠사를 공격했어요. 이때 나는 시라쿠사를 지키기 위해 온갖 무기를 만들게 되었지요. 물론 내가 만든 무기는 모두 물리학의 원리를 이용한 것들이었습니다.

로마군은 육군과 해군으로 나누어 시라쿠사를 공격했는데 나는 지렛대의 원리를 이용한 투석기를 만들어 그들을 물리쳤어요. 투석기는 받침점으로부터 거리가 짧은 곳에 무거운 돌을 올려놓고 받침점으로부터 먼 곳을 눌러 돌을 멀리 날아가게 하는 무기예요. 이것은 받침점으로부터 먼 곳을 작은 힘으로 누르면 받침점으로부터 가까운 곳에는 큰 힘이 작용한다는 원리를 이용한 것이지요.

부록

아르키메데스가 쓰는 과학사

다음에는 로마의 마르셀루스 장군이 이끄는 해군이 시라쿠사를 공격했어요. 나는 그들의 공격을 막아내기 위해 두 종류의 무기를 만들었지요. 하나는 도르래를 여러 개 연결한 장치이고, 다른 하나는 빛을 한 곳에 모을 수 있는 커다란 오목거울이었어요.

도르래 한 개를 이용하면 힘을 절반으로 줄일 수 있습니다. 도르래 한 개를 이용하면 100kg의 물체를 50kg의 물체를 드는 힘으로 들어 올릴 수 있어요. 그러니까 도르래를 두 개 설치하면 다시 힘이 절반으로 줄어들어 100kg의 물체를 드는 힘의 4분의 1의 힘으로 물체를 들어 올릴 수 있지요.

나는 엄청나게 많은 도르래를 설치하여 로마 해군이 잠든 틈

을 이용해 도르래에 걸린 줄의 한쪽 끝을 적의 배 앞부분에 걸어 놓았어요. 다음 날 마르셀루스 장군이 시라쿠사에 항복을 권유하자 나는 반대쪽의 줄을 잡아당겼어요. 그러자 배가 공중으로 치솟아 올랐어요. 많은 도르래의 도움으로 내가 작은 힘으로 잡아 당겨도 반대쪽에는 큰 힘이 작용하기 때문이지요.

내가 줄을 내렸다 올렸다 하니까 배가 공중에 떴다 바다에 떨어졌다 하더니 결국은 바다로 곤두박질쳤어요. 나는 사기를 잃은 로마군에게 마지막 공격을 퍼부었어요. 오목거울을 가리던 천을 걷자 강한 빛이 로마군의 배에 쪼여지더니 연기가 나면서 불타오르기 시작했습니다. 나는 오목거울이 태양 빛을 한 점에 모아 강한 빛이 되게 만든다는 것을 알고 있었어요. 이렇게 물리를 이용한 무기로 나는 로마의 해군을 무찌를 수 있었습니다.

아르키메데스의 죽음

하지만 나의 노력에도 불구하고 시라쿠사는 큰 위기를 맞이하게 되었어요. 로마의 마르셀루스 장군은 시라쿠사 사람으로 위장한 로마 군인들을 시라쿠사로 보내 로마를 지지하는 사람들을 많이 만들었습니다. 그들의 꼬임에 넘어간 시라쿠사 사람들은

부록 아르키메데스가 쓰는 과학사

전쟁이 모두 끝난 것으로 생각하고 신을 모시는 축제를 일삼다가 로마군의 기습공격에 그만 무너지고 말았어요.

 당시 나는 해안가 모래밭에서 열심히 도형을 그리며 기하학 연구를 하고 있었어요. 그때 로마 군인이 내가 그린 그림을 밟았어요. 나는 로마 군인에게 "내 원을 밟지 마라."라고 소리쳤어요. 그러자 화가 난 로마 군인은 그 자리에서 나를 죽였지요.

 내가 죽었다는 소식을 들은 로마의 마르셀루스 장군은 매우 슬퍼했어요. 그는 나의 수학적 물리학적 재능을 아꼈기 때문이지요. 마르셀루스 장군은 나의 가장 위대한 수학 연구 중 하나인 원기둥 속에 공이 들어 있는 그림을 그려 나의 묘비에 새겨 주었습니다.

GO! GO! 과학특공대 23
둥둥 뜨게 하는 부력

지은이 • 정완상
펴낸이 • 조승식
펴낸곳 • 도서출판 이치 사이언스
등록 • 제9-128호
주소 • 서울시 강북구 한천로 153길 17
홈페이지 • www.bookshill.com
전자우편 • bookshill@bookshill.com
전화 • 02-994-0583
팩스 • 02-994-0073

2013년 09월 05일   제1판 1쇄 발행
2019년 11월 25일   제1판 4쇄 발행

가격 7,500원

ISBN 978-89-98007-11-9
978-89-91215-70-2(세트)

• 잘못된 책은 구입하신 서점에서 바꿔 드립니다.
• 이 도서의 국립중앙도서관 출판시도서목록(CIP)은
서지정보유통지원시스템 홈페이지(http://seoji.nl.go.kr)와
국가자료공동목록시스템(http://www.nl.go.kr/kolisnet)에서
이용하실 수 있습니다. (CIP제어번호: CIP2013013168)

GO! GO! 과학특공대 시리즈

1. 가장 위대한 발명 **수**
2. 끼리끼리 통하는 **암호**
3. 구석구석 미치는 **힘**
4. 찌릿찌릿 통하는 **전기**
5. 온도와 상태를 변화시키는 **열**
6. 세상의 기본 알갱이 **원자**
7. 수·금·지·화·목·토·천·해 **태양계**
8. 몸무게가 줄어드는 **달**
9. 끝없는 초원에서 만난 **아프리카 동물**
10. 숨 쉬고 운동하는 **식물의 생활**
11. 달려라 달려 **속력**
12. 흔들흔들 **파동**
13. 세어볼까? **경우의 수**
14. 울려라 울려 **악기과학**
15. 초록 행성 **지구**
16. 보글보글 **기체**
17. 조각조각 **분수**
18. 반사하고 굴절하는 **빛**
19. 무게가 없는 **무중력**
20. 나눌까 곱할까? **약수와 배수**
21. 꾹꾹 눌러 **압력**
22. 뛰어 보자 **수뛰기**
23. 둥둥 뜨게 하는 **부력**
24. 외계에서 온 UFO
25. 쉽고 빠른 셈셈 **셈**
26. 우리의 가장 오랜 친구 **곤충**
27. 밀고 당기는 **자석**
28. 신기하고 놀라운 **삼각형**
29. 맞혀 볼까? **확률**
30. 한눈에 쏙쏙 **통계**

다음 책들이 곧 여러분을 만날 준비를 하고 있습니다.
많이 기대해 주세요.

- 사각형
- 비율
- 도형
- 놀이동산
- 도구
- 액체
- 화학반응
- 용액
- 숲속의 벌레
- 우리 주위의 동물
- 세계 곳곳의 동물
- 새
- 여러 종류의 동물
- 소화
- 인체
- 지구 변화
- 날씨
- 지질시대
- 바다